GbR, UG, GmbH & Co.

Die richtige Gesellschaftsform
für meine Gründung

Dr. Nicco

2. Aufl

So nutzen Sie dieses Buch

Die folgenden Elemente erleichtern Ihnen die Orientierung im Buch:

Beispiele und Übungen

In diesem Buch finden Sie zahlreiche Beispiele, die die geschilderten Sachverhalte veranschaulichen.

Definitionen

Hier werden Begriffe kurz und prägnant erläutert.

Die Merkkästen enthalten Empfehlungen und hilfreiche Tipps.

Auf den Punkt gebracht

Am Ende jedes Kapitels finden Sie eine kurze Zusammenfassung des behandelten Themas.

Inhalt

Einleitung	7
Fragen an die Gründer	9
Allgemeines zu Gesellschaften	**13**
Personen- und Kapitalgesellschaften	13
Rechtsgrundlagen und Organe	18
Gewinn und Verlust: Ergebnisverteilung	22
Die Haftung der Gesellschafter	23
Der Gesellschaftsvertrag	26
Buchführung	28
Die Besteuerung	30
Registereintragung	35
Die GbR	**39**
Gründung	40
Der Gesellschaftsvertrag	40
Innenverhältnis der GbR	43
Außenverhältnis der GbR	50
Wechsel der Gesellschafter	51
Beendigung der GbR	59

Die OHG — 63

- Gründung — 63
- Innenverhältnis der OHG — 65
- Außenverhältnis der OHG — 69
- Wechsel der Gesellschafter — 71
- Beendigung der OHG — 72

Die KG — 75

- Gründung der KG — 76
- Komplementäre und Kommanditisten — 78

Die Partnerschaft — 85

- Gründung der Partnerschaft — 86
- Innenverhältnis — 88
- Außenverhältnis, Haftung — 88
- Wechsel der Partner — 89
- Beendigung der Partnerschaft — 89

Die GmbH — 91

- Gründung — 92
- Änderungen des Gesellschaftsvertrags — 95
- Rechte und Pflichten der Gesellschafter — 96
- Die Gesellschafterversammlung — 101
- Das Kapital der GmbH — 105
- Der Geschäftsführer der GmbH — 109
- Beendigung der GmbH — 115

Insolvenz der GmbH	116
Besonderheiten der Einpersonen-GmbH	119

Die UG (haftungsbeschränkt) — 123

Die Gründung	123
Besonderheiten der UG (haftungsbeschränkt)	124

Die Aktiengesellschaft — 131

Die wichtigsten Unterschiede zur GmbH	131
Gründung	135

Die GmbH & Co. KG — 139

Gründung	140
Geschäftsführung und Vertretung	140
Angaben auf Geschäftsbriefen	141
Gesellschafterversammlung	141
Kapitalaufbringung	142
Kapitalerhaltung	143

Einleitung

Wer ein Unternehmen gründet, steht vor einer Vielzahl von Entscheidungen. Hierzu gehört auch, die richtige Rechtsform zu finden. In den meisten Fällen bietet es sich an, für den Betrieb eines Unternehmens eine Gesellschaft zu gründen, vor allem wenn man das Unternehmen nicht alleine betreiben möchte. Die Kapitalgesellschaften, wie die GmbH, kann man aber auch als Einzelperson gründen und betreiben. Jede Gesellschaft eröffnet den Gründern vielfältige rechtliche Möglichkeiten und Gestaltungsspielräume, um ihre Ideen umzusetzen. Nicht zuletzt spielen auch steuerliche Überlegungen eine wichtige Rolle bei der Wahl der Rechtsform.

Dieses Buch gibt Ihnen einen ersten Überblick über die auf dem deutschen Markt gebräuchlichen und für Gründer interessanten Gesellschaftsformen.

Parallel empfiehlt es sich, die gesetzlichen Bestimmungen zu lesen. Im Internet sind die deutschen Gesetze verlässlich unter http://bundesrecht.juris.de abrufbar.

> Die Darstellung der rechtlichen und steuerlichen Themen in diesem Buch dient ausschließlich der allgemeinen Information und nicht der individuellen Beratung. Zur besseren Übersichtlichkeit ist die Darstellung stark vereinfacht. Die Rechtslage ist zudem durch Gesetzgebung und Rechtsprechung häufigen Änderungen unterworfen. Bitte wenden Sie sich in konkreten Fragen an einen Anwalt, Steuerberater oder eine Beratungsstelle.

Fragen an die Gründer

Bei der Auswahl der passenden Gesellschaft ist es sinnvoll, zunächst ergebnisoffen zu klären, welche Ideen die Gründer haben. Dies betrifft sowohl die inhaltliche Ebene (Gegenstand des Unternehmens) als auch die formale Ebene für das Zusammenspiel der Gründer untereinander. Zahlreiche Wünsche lassen sich gleichermaßen mit verschiedenen Gesellschaftsformen umsetzen.

Die nachfolgenden Fragen stellen eine Auswahl der Themen dar, die bei Gründungsgesprächen üblicherweise auftauchen. Sie sollen Ihnen als Checkliste für Ihre ersten Überlegungen dienen. In jedem Einzelfall sollten die konkreten Gestaltungswünsche der Gründer zusammengetragen und umgesetzt werden.

Dabei gibt es keine universelle Antwort, sondern zahlreiche Gestaltungsvarianten, teils auch rechtsformübergreifend. Geben Sie diese Gestaltungsfreiheit nicht aus der Hand, auch wenn Sie sich bei der Gestaltung professioneller Hilfe bedienen. Die Fragen können dann dazu dienen, Ihren Beratern klare Vorgaben für die Gestaltung zu geben und sie durch die zu regelnden Themen zu leiten.

- Wer soll Gesellschafter werden?
- Welchen Gegenstand soll das Unternehmen haben?
- Wie soll die Gesellschaft heißen?
- Wo soll der Sitz der Gesellschaft sein?
- Soll die Laufzeit der Gesellschaft auf eine bestimmte Dauer beschränkt werden?

- Was sollen die einzelnen Gesellschafter an Einlagen oder sonstigen Beiträgen übernehmen?
- Sollen die Gesellschafter für Schulden der Gesellschaft persönlich haften? Wenn ja, soll die persönliche Haftung bei allen oder einigen Gesellschaftern begrenzt oder unbegrenzt sein?
- Sollen einzelne Gesellschafter Sonderpflichten übernehmen?
- Sollen einzelnen Gesellschaftern Sonderrechte eingeräumt werden?
- Soll den Gesellschaftern der Wettbewerb zur Gesellschaft gestattet oder untersagt werden?
- Sollen die Gesellschafter zur Verschwiegenheit verpflichtet werden?
- Wie sollen die Gesellschafter Informationen über die Geschäfte der Gesellschaft erlangen?
- Wer soll die Geschäfte der Gesellschaft führen?
- Sollen bestimmte Geschäfte für ihre Wirksamkeit der Zustimmung der Gesellschafter bedürfen?
- Soll neben der Gesellschafterversammlung ein weiteres Organ zur Kontrolle der Geschäftsführung eingerichtet werden, z.B. Aufsichtsrat oder Beirat?
- Wie soll die Geschäftsführung vergütet werden?
- Wer soll zur Vertretung der Gesellschaft befugt sein?
- Wie sollen Gewinne und Verluste verteilt werden?
- Sollen Rücklagen gebildet werden?

Fragen an die Gründer

- Soll ein Teil der Gewinne stets ausgeschüttet werden?
- Unter welchen Voraussetzungen sollen die Gesellschafter Geld aus dem Gesellschaftsvermögen entnehmen dürfen?
- Von wem, wie und mit welcher Frist sollen die Gesellschafterversammlungen einberufen werden?
- Mit welcher Mehrheit sollen Beschlüsse gefasst werden?
- Sollen bestimmte Beschlussgegenstände einer qualifizierten Mehrheit bedürfen?
- Wie sollen die Stimmrechte verteilt werden?
- Sollen die Gesellschaftsanteile veräußerbar sein?
- Sollen die Geschäftsanteile vererbt werden können?
- Sollen Erben einen Abfindungsanspruch haben, wenn sie nicht Gesellschafter werden oder werden wollen?
- Soll der Ausschluss eines Gesellschafters zulässig sein? Wenn ja, aus welchem Grund?
- Sollen die Gesellschafter ein Kündigungsrecht haben?
- Soll eine Kündigung begründet werden müssen?
- Innerhalb welcher Frist soll die Kündigung wirksam werden?
- Soll nach einer Kündigung die Gesellschaft aufgelöst werden oder der Gesellschafter ausscheiden?
- Wie soll die Abfindung für einen ausscheidenden Gesellschafter berechnet werden?
- Welche Themen sollen und können noch geregelt werden?

Allgemeines zu Gesellschaften

Eine Gesellschaft ist eine Organisationsform des Privatrechts zur Durchführung oder zum dauerhaften Betrieb eines Unternehmens. Im Gegensatz zu Einzelunternehmen, die von einer Person alleine und auf eigenen Namen geführt werden, können Gesellschaften von mehreren Personen gemeinschaftlich betrieben werden.

Je nach Umfang des geplanten Unternehmens sowie Person und Anzahl derjenigen, die es betreiben wollen, eignen sich verschiedene Gesellschaftsformen.

Personen- und Kapitalgesellschaften

Zunächst wird zwischen Personen- und Kapitalgesellschaften unterschieden.

- Personengesellschaften sind etwa die Gesellschaft bürgerlichen Rechts (GbR), die offene Handelsgesellschaft (OHG), die Kommanditgesellschaft (KG), die stille Gesellschaft und die Partnerschaft.

- Kapitalgesellschaften sind beispielsweise die Gesellschaft mit beschränkter Haftung (GmbH), die Unternehmergesellschaft, UG (haftungsbeschränkt) und die Aktiengesellschaft (AG).

Personengesellschaften

Personengesellschaften sind Personenverbände, die je nach ihrer konkreten Ausgestaltung eine eigenständige und rechtsfähige Einheit bilden können.

Ein besonderes Kennzeichen der Personengesellschaften ist die gesamthänderische Bindung des Gesellschaftsvermögens („Gesamthandsvermögen").

Gesamthandsvermögen

Das Gesellschaftsvermögen einer Personengesellschaft ist ein selbstständiges Sondervermögen der Gesellschaft und nicht (mehr) der Gesellschafter. Über die Vermögensgüter einer Personengesellschaft kann nur die Gesellschaft selbst verfügen.

Außerdem können Personengesellschaften grundsätzlich nur von mehreren, also mindestens zwei, Gesellschaftern betrieben werden. Personengesellschaften sind nicht selbst für die Erträge steuerpflichtig, sondern die Erträge werden von den Gesellschaftern im Rahmen einer einheitlichen und gesonderten Gewinnermittlung versteuert.

Eine Sonderstellung unter den Personengesellschaften nimmt die stille Gesellschaft ein. Sie ist eine reine Innengesellschaft zwischen dem stillen Gesellschafter und dem Inhaber des Unternehmens und weder rechtsfähig noch wird ein Gesellschaftsvermögen gebildet.

Kapitalgesellschaften

Kapitalgesellschaften sind juristische Personen. Sie sind schon von Gesetzes wegen ohne Blick auf die konkrete Ausgestaltung umfassend rechtsfähig.

Anders als bei den Personengesellschaften ist das Gesellschaftsvermögen der Kapitalgesellschaften kein Sondervermögen der Gesellschafter, sondern vollständig getrenntes Kapital der Gesellschaft selbst. Das bedeutet, dass jeder Griff in die Kasse eines vorherigen Beschlusses der Gesellschafter bedarf. Besondere Bedeutung hat bei allen Kapitalgesellschaften die Aufbringung und Erhaltung des Gesellschaftskapitals.

> Anders als die Personengesellschaften können die Kapitalgesellschaften auch von einer einzelnen Person gegründet und betrieben werden. So sind die Einpersonen-GmbH und die Einpersonen-UG sehr häufige Organisationsformen, die es dem Einzelunternehmer erlauben, das Unternehmen auch allein in einer Gesellschaft zu betreiben und dabei seine Haftung wirksam zu beschränken.

Ein weiterer Unterschied besteht hinsichtlich des Gründungsvorgangs. Bei den Personengesellschaften genügt zur Gründung in den meisten Fällen der Abschluss eines Gesellschaftsvertrags. Bei den Kapitalgesellschaften entsteht die Gesellschaft als solche hingegen erst, wenn sie im Handelsregister eingetragen wird.

Sonderstellung der GmbH & Co. KG

Bei der GmbH & Co. KG handelt es sich um eine Typenmischung zwischen Personen- und Kapitalgesellschaft. Der Träger des Unternehmens ist die KG und damit eine Personengesellschaft. Der einzige persönlich haftende Gesellschafter ist die GmbH und damit eine Kapitalgesellschaft. Im Ergebnis kann man daher von einer beschränkten Haftung der Gesellschafter sprechen, obwohl es sich um eine Personengesellschaft handelt. Die GmbH & Co. KG kann vor allem steuerliche Vorteile haben, dies kommt aber auf das konkret geplante Unternehmen an.

Sonderstellung der Limited

Bei der in Deutschland gebräuchlichen Limited handelt es sich regelmäßig um eine britische Kapitalgesellschaft. In den Mitgliedstaaten der EU sind die jeweiligen Gesellschaften nationalen Rechts nicht mehr auf ihre Ursprungsländer beschränkt, sondern dürfen auch in allen anderen Mitgliedstaaten tätig werden. Den Startschuss für die Freizügigkeit der Gesellschaften in Europa gab die „Überseering"-Entscheidung des Europäischen Gerichtshofs von 2002.

Da die britische Limited sehr einfach, vor allem fast ohne aufzubringendes Gesellschaftskapital und – jedenfalls früher – wesentlich schneller als eine GmbH oder gar eine AG zu gründen war, wurde diese Rechtsform in Deutschland zwischen 2002 und 2009 sehr populär. Eine anspruchsvolle Aufgabe für die Gesellschafter und vor allem die Direktoren der Limited war dabei schon immer, dass eine in Deutschland tätige Limited Vorschriften sowohl des deutschen als auch des britischen Rechts beachten muss.

Inzwischen hat sich die Lage in Deutschland geändert. Zunächst wurde die Eintragung im Handelsregister durch Einführung des elektronischen Verfahrens erheblich beschleunigt, was allen Gründungen von Kapitalgesellschaften zugutekommt. Gerade auch mit Blick auf die Limited und die Schwierigkeiten der kombinierten Rechtsanwendung wurde 2009 außerdem die Unternehmergesellschaft oder UG (haftungsbeschränkt) eingerichtet.

Ebenso wie die Limited kann die UG (haftungsbeschränkt) mit einem bei Gründung aufzubringenden Kapital von wenigen Euro errichtet werden. Im Übrigen handelt es sich bei der UG (haftungsbeschränkt) tatsächlich um eine GmbH, auf die mit gewissen Einschränkungen auch deren Rechtsregeln angewendet werden. Dadurch ist sie im deutschen Rechtsverkehr deutlich leichter zu handhaben als die Limited und somit gerade für im Aufbau befindliche Unternehmen regelmäßig vorzuziehen.

Nicht zuletzt durch den laufenden Austritt Großbritanniens aus der EU ist die britische Limited regelmäßig nicht mehr empfehlenswert, so dass für Gründer, die eine Kapitalgesellschaft mit geringem Haftungskapital suchen, die UG (haftungsbeschränkt) vorzugswürdig ist.

Auf den Punkt gebracht

- Die in Deutschland tätigen Gesellschaften unterscheiden sich in Personen- und Kapitalgesellschaften.
- Gängige Personengesellschaften sind GbR, OHG, KG, stille Gesellschaft und Partnerschaft, Kapitalgesellschaften sind UG (haftungsbeschränkt), GmbH und AG.
- Eine Sonderform stellt die GmbH & Co. KG dar. Sie ist als KG eine echte Personengesellschaft. Die einzige unbeschränkt haftende Gesellschafterin ist eine Kapitalgesellschaft. Dadurch handelt es sich um eine Typenvermischung, in der die Vorteile von Personen- und Kapitalgesellschaften kombiniert werden können.
- Die in Deutschland zeitweise gebräuchliche britische Limited ist regelmäßig nicht mehr zu empfehlen.

Rechtsgrundlagen und Organe

Die Rechtsgrundlagen der Gesellschaften sind in verschiedenen Gesetzen geregelt. Ergänzend treten in vielen Fällen auch die Regeln hinzu, die die Rechtsprechung zur Auslegung der Gesetze und Ausfüllung von etwaigen Gesetzeslücken aufgestellt hat.

Es ist zwischen dem zwingenden und dem dispositiven Recht zu unterscheiden.

- Das zwingende Recht kommt immer zur Anwendung, egal was die Gesellschafter untereinander vereinbaren.

- Das dispositive Recht kommt nur dann zur Anwendung, wenn die Gesellschafter keine abweichenden Regelungen vereinbaren.

Neben dem Gesetz ist die wichtigste Rechtsgrundlage der Gesellschaftsvertrag, in dem die Gesellschafter ihre Verhältnisse weitgehend frei regeln können. In ihm sind die Gründungsgesellschafter sowie der Zweck der Gesellschaft festgehalten. Bei den Handelsgesellschaften muss noch die Firma enthalten sein, bei den Kapitalgesellschaften kommen das Kapital sowie die Organe der Gesellschaft hinzu.

Alle weiteren Fragen, etwa Kündigungsrechte oder Ablauf der Meinungsbildung im Innenverhältnis, sind mögliche, aber nicht zwingende Bestandteile des Gesellschaftsvertrags. Schweigen die Gesellschafter hierzu, spricht das Gesetz. Häufig erkennen die Gesellschafter erst im Konfliktfall, dass sie über das eine oder andere eine Regelung hätten treffen sollen, die auch einen drohenden Streit geregelt, wenn nicht sogar vermieden hätte.

Die Gesellschafter

Die Gesellschafter sind die Parteien des Gesellschaftsvertrags. Sie erbringen die jeweils vereinbarten Beiträge, mit denen die Gesellschaft den Zweck umsetzt.

Gesellschafter können alle natürlichen und juristischen Personen sowie Personengesellschaften sein, soweit sie Verträge schließen können. Bei einigen Gesellschaften werden an die Gesellschafter besondere Voraussetzungen gestellt. So können nur Freiberufler Partner einer Partnerschaft und nur

Kaufleute oder Handelsgesellschaften tätige Gesellschafter einer stillen Gesellschaft sein.

> **Vorsicht: Zugewinngemeinschaft**
>
> Leben Verheiratete im gesetzlichen Güterstand der Zugewinngemeinschaft, ist für alle Verfügungen, die das gesamte Vermögen des Ehepartners betreffen, nach § 1365 BGB eine Zustimmung des Ehegatten erforderlich, also ggf. auch für den Gesellschaftsvertrag. Zudem kann es bei einer Scheidung passieren, dass der Gesellschafter seinen Gesellschaftsanteil zur Auszahlung des geschiedenen Gatten versilbern muss. So kann durch die Gestaltung der Ehe auch die Gesellschaft in ihrem Bestand berührt werden.
>
> Um dies zu verhindern, können die Ehepartner notariell vereinbaren, dass der Gesellschafter über seine Beiträge und Gesellschaftsanteile frei verfügen darf und der Gesellschaftsanteil bei einer Scheidung der Ehe nicht dem Zugewinnausgleich unterliegt.

Die Handlungsorgane der Gesellschaften

Die Organe haben folgende Aufgaben:

- Die Führung der Geschäfte umfasst die Verwaltung im Inneren und betrifft alle Geschäfte und tatsächlichen Handlungen zur Umsetzung des Gesellschaftszwecks.

- Die Vertretung der Gesellschaft betrifft alle Rechtsgeschäfte, die vertragliche Pflichten der Gesellschaft gegenüber Dritten begründen.

Die Handlungsorgane unterscheiden sich je nach Gesellschaftsform:

Bei den Personengesellschaften liegt die Geschäftsführung und Vertretung bei den unbeschränkt persönlich haftenden Gesellschaftern. Das sind bei der GbR, OHG und Partnerschaft alle Gesellschafter, bei der KG nur die Komplementäre. Bei der GbR sind die Gesellschafter nach dem Gesetz nur gemeinschaftlich und bei OHG, KG und Partnerschaft jeweils einzeln geschäftsführungsbefugt. Je nach Maßnahme der Geschäftsführung muss außerdem eine Abstimmung mit den übrigen Gesellschaftern erfolgen.

Bei den Kapitalgesellschaften liegt die Geschäftsführung und Vertretung bei den durch gesonderten Beschluss berufenen Organen. Bei der UG (haftungsbeschränkt) und der GmbH ist dies der Geschäftsführer, bei der AG der Vorstand und eingeschränkt auch der Aufsichtsrat.

> Im Außenverhältnis ist die Vertretungsmacht der Organe unbeschränkbar. Im Innenverhältnis kann bei besonders gravierenden Maßnahmen eine vorherige Gesellschafterversammlung erforderlich sein.

Die Treuepflicht der Gesellschafter

Grundlegend sind bei allen Gesellschaftsformen die Gesellschafter untereinander und gegenüber der Gesellschaft zur Treue verpflichtet. Darunter wird die Pflicht verstanden, die Interessen der Gesellschaft wahrzunehmen und alles zu unterlassen, was diese Interessen schädigt. Die gesellschafterliche Treuepflicht ist ein sehr wichtiger Grundsatz, der für alle Gesellschafter und alle Gesellschaften gilt.

Das Maß der damit einhergehenden konkreten Pflichten hängt stark von der Gesellschaft, dem Maß der übernommenen Aufgaben und den Einflussmöglichkeiten des Gesellschafters ab. Im Einzelfall kann sie etwa auch ein bestimmtes Stimmverhalten bei der Beschlussfassung gebieten oder die Pflicht umfassen, die anderen Gesellschafter von drohenden Gefahren für die Gesellschaft zu unterrichten. Die Treuepflicht kann die Gesellschafter auch dahin gehend binden, der Gesellschaft keinen Wettbewerb zu machen oder in Angelegenheiten der Gesellschaft Verschwiegenheit zu wahren.

Im Einzelfall ist die Treuepflicht gegenüber der Wahrnehmung berechtigter eigener Interessen der Gesellschafter abzugrenzen.

Treuepflicht

Beispielsweise kann ein Aktionär eines Automobilkonzerns auch Aktien eines anderen erwerben. Dagegen darf ein tätiger Gesellschafter eines Architekturbüros in Form einer GbR sich nicht ohne Weiteres an einem anderen Architekturbüro beteiligen.

Gewinn und Verlust: Ergebnisverteilung

Wer mit einer Gesellschaft ein Unternehmen betreibt, will damit zumeist auch Geld verdienen. Grundsätzlich streben die meisten Gesellschaften die Erzielung von Gewinnen an, die dann unter den Gesellschaftern zu verteilen sind. Aber auch Verluste müssen gegebenenfalls unter den Gesellschaftern verteilt werden. Das Ergebnis wird durch einen Vermögensvergleich zum Schluss der jeweiligen Rechnungsperiode ermittelt, wobei ein Mehr einen Gewinn und ein Weniger einen Verlust darstellt.

Die Ergebnisverteilung ist in den einzelnen Gesellschaften sehr unterschiedlich geregelt. Während das Gesetz für die Kapitalgesellschaften eine Verteilung nach Kapitalbeteiligungen vorsieht, werden bei GbR und Partnerschaft Gewinn und Verlust nach Köpfen und bei der OHG und KG in Abhängigkeit von einem jährlich zu berechnenden Kapitalanteil verteilt. Da vor allem letztere Regelung im Gesetz sehr kompliziert geraten ist, sollte die Ergebnisverteilung im Gesellschaftsvertrag geregelt werden.

Die Haftung der Gesellschafter

Bei den Personengesellschaften haften die Gesellschafter unmittelbar gegenüber den Gläubigern der Gesellschaft. Die Haftung trifft die Gesellschafter jeweils einzeln persönlich und mit Ausnahme der Kommanditisten der KG auch in unbeschränkter Höhe.

Demgegenüber sind bei den Kapitalgesellschaften die Gesellschafter für die Schulden der Gesellschaft grundsätzlich nicht haftbar, soweit sie das auf ihre Geschäftsanteile entfallende Kapital eingebracht haben. Für die Aufbringung des Kapitals haften sie außerdem zunächst nur gegenüber der Gesellschaft.

Persönliche Bürgschaften bei Kapitalgesellschaften

Weil die Haftungsmasse bei den Kapitalgesellschaften auf das Gesellschaftsvermögen beschränkt ist, verlangen vor allem kreditgebende Banken und auch wichtige Vertragspartner sehr häufig persönliche Bürgschaften oder Sicherheiten der Gesellschafter und Geschäftsführer.

Die Gefahr, dass bei Zahlungsunfähigkeit oder Insolvenz einer Kapitalgesellschaft Forderungen nicht mehr durchgesetzt werden können, trifft daher hauptsächlich kleinere Vertragspartner, Finanzämter und Sozialkassen, die regelmäßig keine Bürgschaften vereinbaren können.

Durchgriffshaftung bei Kapitalgesellschaften

Eine zweite praktisch wichtige Ausnahme gilt für den Bereich der sogenannten Durchgriffshaftung bei den Kapitalgesellschaften:

Soweit die Gesellschafter mit der Haftungsbeschränkung Rechtsmissbrauch treiben, haften sie wie bei den Personengesellschaften gegenüber Gläubigern persönlich in unbeschränkter Höhe mit ihrem Privatvermögen. In diesen Fällen kann sich eine Haftung schon aus dem allgemeinen Zivilrecht ergeben. Dabei kommt vor allem der Anspruchsgrundlage des §826 BGB große Bedeutung zu, nach der jeder, der einen anderen vorsätzlich sittenwidrig schädigt, zum Schadensersatz verpflichtet ist.

Daneben hat die Rechtsprechung maßgeblich zwei Fallgruppen entwickelt, in denen die Gesellschafter unabhängig von deliktischen Anspruchsgrundlagen haften:

- Vermögensvermischung: wenn die Vermögensmassen der Gesellschaft und der Gesellschafter nicht sauber getrennt werden;
- Sphärenvermischung: wenn die Gesellschafter nicht hinreichend deutlich machen, welche Gesellschaft im Einzelfall handelt

Die Gerichte neigen zu sehr strengen Anforderungen hinsichtlich der Darlegung und des Nachweises einer Durchgriffssituation. Insbesondere wird bei Unterkapitalisierung oder Existenzvernichtung der Durchgriff regelmäßig abgelehnt und die Gesellschafter werden stattdessen für eine etwaige sittenwidrige Schädigung nach § 826 BGB haftbar gemacht. Die Beweislast für das Vorliegen der Voraussetzungen der Durchgriffshaftung trifft die Gläubiger.

Durchgriffshaftung

Die Durchgriffshaftung der Gesellschafter für Schulden ihrer Kapitalgesellschaft ist rechtsformunabhängig und trifft die Gesellschafter aller in Deutschland tätigen Kapitalgesellschaften, also auch der Limited. Eine Haftung, ohne dass die Gesellschafter im Einzelfall schuldhaft gegen die guten Sitten gehandelt haben, unterliegt sehr strengen Anforderungen und bleibt auf Ausnahmefälle begrenzt.

Der Gesellschaftsvertrag

Am Anfang aller Überlegungen steht der Wille der vertragsschließenden Parteien. Die Gestaltungsvarianten sind sehr vielseitig, sodass die Wünsche der Gründer detailliert aufgegriffen und umgesetzt werden können. Die vertragliche Gestaltung des Innenverhältnisses der Gesellschafter untereinander und gegenüber der Gesellschaft kann so frei gehandhabt werden, dass die Grenzen zwischen den einzelnen Gesellschaftsformen weitgehend verschwimmen, wenn nicht gar aufgehoben werden.

> So kann etwa eine GbR im Innenverhältnis wie eine GmbH ausgestaltet und umgekehrt können im Innenverhältnis der GmbH zahlreiche Regelungen einer GbR aufgenommen werden.

Die Gestaltungsfreiheit endet dort, wo zwingende gesetzliche Regeln greifen. So können Gesellschaften keine verbotenen Zwecke erfüllen und die Gesellschafter können sich nicht zu sittenwidrigen Beitragsleistungen verpflichten. Bei Personengesellschaften kann die Geschäftsführung nur Gesellschaftern übertragen werden. Bei einer AG können, abweichend von anderen Gesellschaften, nur eingeschränkt Sonderrechte für einzelne Aktionäre begründet werden.

Der Gesellschaftsvertrag ist kein bloßer schuldrechtlicher Vertrag, sondern ein Organisationsvertrag. Er stellt daher keinen Austauschvertrag dar, sodass die allgemeinen schuldrechtlichen Regeln nur sehr eingeschränkte Anwendung finden, wenn sie für den konkreten Gesellschaftsvertrag passen.

> Beispielsweise kann ein Gesellschafter seinen Beitrag nicht zurückhalten, weil ein anderer Gesellschafter den auf ihn entfallenden Beitrag noch nicht geleistet hat.

Inhalt des Vertrags

Im Allgemeinen empfehlen sich detaillierte vertragliche Regelungen, da in den seltensten Fällen der Wille aller Gesellschafter von den gesetzlichen Regelungen erfüllt wird. Besprechen Sie mit den anderen Gesellschaftern die nachfolgenden Punkte und legen Sie die gewünschten Regelungen gemeinsam fest. Dann können Sie im Vergleich mit den gesetzlichen Bestimmungen ausarbeiten, welchen Inhalt der Gesellschaftsvertrag haben soll.

Was soll im Gesellschaftsvertrag geregelt werden?	
Gesellschafter	✓
Zweck der Gesellschaft	
Name der Gesellschaft	
Beginn und Dauer der Gesellschaft	
Beiträge der Gesellschafter	
Geschäftsführung	
Vertretung	
Gesellschafterversammlung	

Was soll im Gesellschaftsvertrag geregelt werden?	
Beschlussfassung	
Gewinn- und Verlustverteilung	
Entnahmerecht	
Informationsrechte	
Verschwiegenheitspflichten	
Wettbewerbsverbote	
Kündigungsrecht und -folgen	
Tod von Gesellschaftern	
Ausschluss von Gesellschaftern	
Auflösung der Gesellschaft	
Abfindung ausscheidender Gesellschafter oder der Erben	
Formvorschriften für Vertragsänderungen	

Buchführung

Es bestehen auch erhebliche Unterschiede hinsichtlich der Buchführung zwischen den einzelnen Gesellschaften. Eine ordnungsgemäße Buchführung ist die Voraussetzung für die Ermittlung und Zuweisung von Gewinnen und Verlusten. Während bei der GbR ein Rechnungsabschluss nach § 721 BGB erstellt werden muss, sind OHG, KG, GmbH und AG zur ordnungsgemäßen Buchführung, zur Führung von Handelsbüchern und zur Erstellung eines Jahresabschlusses nach dem Bilanzrecht der §§ 238 ff. HGB (handelsrechtliche Buchführungspflicht) verpflichtet. Da aber auch die geschäftsführenden Gesellschafter einer unternehmerisch tätigen GbR nach §§ 140, 141 AO (steuerrechtliche Buchführungspflicht) zur ordnungsgemäßen Buchführung verpflichtet sind, sollten die Buchführungsregeln der Handelsgesellschaften praktischerweise auch bei der GbR angewendet werden.

Personengesellschaften

Bei den Personengesellschaften besteht der Jahresabschluss grundsätzlich aus einer Bilanz und einer Gewinn- und Verlustrechnung. Nach § 247 Abs. 1 HGB sind in der Bilanz das Anlage- und Umlaufvermögen, das Eigenkapital, die Schulden sowie die Rechnungsabgrenzungsposten gesondert auszuweisen und aufzugliedern. Im Übrigen kann der Jahresabschluss weitgehend frei gestaltet und gegliedert werden, solange er klar und übersichtlich bleibt. Schließlich ist er von allen persönlich haftenden Gesellschaftern zu unterschreiben. Bei den Personengesellschaften ist mit Ausnahme von sehr großen Unternehmen, die dem Publizitätsgesetz unterfallen, im Außenverhältnis keine Veröffentlichung erforderlich.

Kapitalgesellschaften und GmbH & Co. KG

Bei den Kapitalgesellschaften einschließlich der GmbH & Co. KG sind außerdem die §§ 264 ff. HGB zu beachten. Danach wird die Gliederung des Jahresabschlusses stark formalisiert und der Jahresabschluss um einen Anhang mit zusätzlichen Angaben erweitert. Die Gliederung der Bilanz ergibt sich aus § 266 HGB und die der Gewinn- und Verlustrechnung aus § 275 HGB. Der Inhalt des Anhangs wird in §§ 284, 285 HGB geregelt. Inhalt und Gliederung sind außerdem für kleine, mittlere und große Gesellschaften jeweils unterschiedlich, § 267 HGB.

Veröffentlichung des Jahresabschlusses

Von besonderer Bedeutung ist die Veröffentlichung des Jahresabschlusses bei den Kapitalgesellschaften und der GmbH & Co. KG. Diese müssen nach § 325 HGB den Jahresabschluss beim Betreiber des elektronischen Bundesanzeigers im Internet unter www.ebundesanzeiger.de elektronisch einreichen. Bei kleinen Gesellschaften müssen nach § 326 HGB nur die Bilanz und der Anhang, nicht aber die Gewinn- und Verlustrechnung eingereicht werden. Die eingereichten Jahresabschlüsse werden veröffentlicht und können im Internet unter www.ebundesanzeiger.de oder www.unternehmensregister.de von jedermann eingesehen werden.

Die Besteuerung

Die Besteuerung ist zwischen Kapital- und Personengesellschaften sehr unterschiedlich. Nachfolgend soll die Besteuerung des Ertrags und des Umsatzes anhand der derzeit geltenden Rechtslage skizziert werden (ohne Grunderwerb- und Erbschaftsteuer).

Körperschaftsteuer

Die Kapitalgesellschaften unterliegen einer eigenständigen Ertragsteuer, nämlich der Körperschaftsteuer. Diese ist im Körperschaftsteuergesetz (KStG) geregelt.

Nach § 1 Abs. 1 KStG sind alle Kapitalgesellschaften mit Sitz oder Geschäftsleitung im Inland unbeschränkt körperschaftsteuerpflichtig. Die Körperschaftsteuer erfasst daher auch in Deutschland tätige ausländische Gesellschaftsformen.

Grundlage der Besteuerung ist nach § 7 Abs. 1 KStG das Einkommen der Gesellschaft. Dessen Ermittlung erfolgt nach den Grundsätzen des EStG und KStG. Es werden alle Gewinne erfasst, unabhängig davon, ob sie ausgeschüttet werden oder nicht.

Der Steuersatz beträgt nach §§ 23 Abs. 1 KStG, §§ 3, 4 SolZG einheitlich 15 % des zu versteuernden Einkommens zuzüglich des Solidaritätszuschlags von 5,5 % der zu erhebenden Steuer.

Kapitalertragsteuer

Die ausgeschütteten Gewinne der Kapitalgesellschaften unterliegen bei ihren Gesellschaftern der Kapitalertragsteuer nach §§ 43 ff. Einkommensteuergesetz (EStG). Der Steuersatz beträgt nach § 32d Abs. 1 EStG einheitlich 25 % des Kapitalertrags (Abgeltungssteuer).

Die Kapitalertragsteuer wird nicht erhoben, wenn der Gesellschafter den Geschäftsanteil im Betriebsvermögen hält; dann bleibt es bei der jeweiligen Ertragsteuer: Ist der Gesellschafter eine natürliche Person oder eine Personengesellschaft, können die ausgeschütteten Gewinne nach dem sogenannten Teileinkünfteverfahren in Höhe von 60 % bei der Einkommensteuer besteuert werden. Ist der Gesellschafter eine Kapitalgesellschaft, werden die ausgeschütteten Gewinne nur in Höhe von 5 % bei der Körperschaftsteuer der Gesellschafterin besteuert.

Einkommensteuer

Die Personengesellschaften unterliegen keiner eigenen Ertragsteuer. Die Erträge werden als Einkommen bei den Gesellschaftern besteuert. Zur Ermittlung der Besteuerungsgrundlage werden Gewinn oder Verlust der Gesellschaft vom Betriebsfinanzamt nach dem Verfahren der einheitlichen und gesonderten Gewinnfeststellung festgestellt und den beteiligten Gesellschaftern entsprechend der vertraglichen Gewinnverteilung zugerechnet.

Die Gewinn- oder Verlustanteile stellen bei den Gesellschaftern in der Regel Einkünfte aus Gewerbebetrieb oder selbstständiger Tätigkeit nach §§ 15, 18 EStG dar. Tätigkeitsvergütungen für Gesellschafter, Zinsen für Gesellschafterdarlehen und sonstige Bezüge der Gesellschafter gelten ebenfalls als Gewinnanteile. Den Gesellschaftern zugewiesene Verluste können grundsätzlich mit anderweitigen Einkünften verrechnet werden. Die Anrechnung von Verlustanteilen der Kommanditisten oder atypisch stiller Gesellschafter, d. h. stiller Gesellschafter, die einen gewissen unternehmerischen Einfluss nehmen können, ist ebenfalls möglich; jedoch bestehen nach § 15a EStG erhebliche Einschränkungen.

Eine bei der Gesellschaft angefallene Gewerbesteuer kann nach § 35 EStG bei der Einkommensteuer der Gesellschafter anteilig angerechnet werden.

Gewerbesteuer

Alle Gesellschaften, die ein Gewerbe betreiben, unterliegen außerdem der Gewerbesteuer. Besteuerungsgrundlage sind die Erträge.

> Ist eine Gesellschaft mit mehr als 1,25 % des Umsatzes gewerblich und sonst nicht gewerblich tätig (z. B. freiberuflich), gilt sie insgesamt als gewerblich und der Gewerbesteuer unterliegen dann auch die nicht gewerblichen Einkünfte. Die Gewerbesteuer schuldet die Gesellschaft selbst. Die Zahlungen sind derzeit nicht als Betriebsausgaben abzugsfähig.

Gewisse Erleichterungen der Gewerbesteuerpflicht gibt es für Personengesellschaften, bei denen nach § 11 GewStG bei der Festlegung des Messbetrags ein Freibetrag von 24.500 Euro abgezogen wird. Bei den Gesellschaftern der Personengesellschaften kann die von der Gesellschaft entrichtete Gewerbesteuer bei der Einkommensteuer anteilig angerechnet werden.

Umsatzsteuer

Der Umsatzsteuerpflicht unterliegen grundsätzlich alle Gesellschaften, die unternehmerisch tätig werden. Die Steuersätze betragen derzeit einheitlich 19 % und für bestimmte Leistungen ermäßigt 7 % vom Umsatz. Für die in § 4 UStG aufgezählten Lieferungen und Leistungen sind auch Steuerbefreiungen möglich.

> Von der Umsatzsteuerpflicht ausgenommen bleiben Kleinunternehmer, wenn der Umsatz im Vorjahr 17.500 Euro nicht überstiegen hat und im laufenden Jahr voraussichtlich 50.000 Euro nicht übersteigen wird.

Die Umsatzsteuer muss nach § 18 Abs. 2 UStG im Regelfall monatlich, bei geringerer Steuerlast ggf. vierteljährlich oder jährlich angemeldet und abgeführt werden. Die umsatzsteuerpflichtigen Gesellschaften können dabei die von ihnen im Rahmen der Betriebsausgaben gezahlte Umsatzsteuer im Wege des Vorsteuerabzugs nach § 15 UStG abziehen. Der Vorsteuerabzug setzt voraus, dass eine ordnungsgemäße Rechnung gestellt wird, die die in § 14 UStG aufgeführten Angaben enthält.

Soll- und Istversteuerung

Nach § 16 Abs. 1 UStG ist die jeweils zu zahlende Umsatzsteuer nach dem Prinzip der Sollversteuerung nach den vereinbarten Entgelten zu berechnen und abzuführen. Die Umsatzsteuer muss also in den meisten Fällen bereits abgeführt werden, sobald der Unternehmer die Rechnung über seine Leistungen stellt, egal ob und wann der Rechnungsbetrag bezahlt wird. Fällt die Zahlung vollständig aus, kann sich die Gesellschaft die vorentrichtete Umsatzsteuer nach § 17 Abs. 2 Nr. 1 UStG erstatten lassen. Aber für die Zwischenzeit belastet die Vorauszahlung die Liquidität und wird zudem nicht verzinst.

Bei Gesellschaften, deren Umsatz im Vorjahr unter 500.000 Euro lag, und bei Gesellschaften von Freiberuflern kann auf Antrag die Umsatzsteuer nach dem Prinzip der Istversteuerung nach den tatsächlich vereinnahmten Entgelten berechnet und abgeführt werden. Hierdurch kann gerade für weniger kapitalstarke Gesellschaften eine erhebliche Entlastung der Liquidität erreicht werden.

Registereintragung

Zur Registrierung von Gesellschaften führen die jeweils zuständigen Amtsgerichte als Registergericht die Handels-, Partnerschafts-, Genossenschafts- und Vereinsregister. Die Eintragungen erfolgen aufgrund von Anmeldungen, die überwiegend notariell beglaubigt und vom Notar elektronisch eingereicht werden.

Handels- und Partnerschaftsregister

Die Eintragung im Handelsregister erfolgt bei allen Handelsgesellschaften, sprich OHG, KG, GmbH, UG (haftungsbeschränkt) und AG. Während die Eintragung bei GmbH, UG (haftungsbeschränkt) und AG konstitutiv ist, ist sie bei OHG und KG nur deklaratorisch. OHG und KG entstehen und bestehen also unabhängig von ihrer Eintragung im Handelsregister. Allerdings treten viele Rechtsfolgen, insbesondere die Haftungsbeschränkung der Kommanditisten, nur ein, wenn auch eine ordnungsgemäße Registereintragung erfolgt ist. Die Partnerschaftsgesellschaft wird im Partnerschaftsregister eingetragen. Die GbR und die stille Gesellschaft unterliegen keiner Registerpflicht und müssen in kein öffentliches Register eingetragen werden.

Im Handels- bzw. Partnerschaftsregister werden eingetragen:

- Name der Gesellschaft („Firma")
- Rechtsform
- Geschäftsanschrift
- Unternehmensgegenstand

Bei Personengesellschaften zusätzlich:

- die voll haftenden Gesellschafter
- Vertretungsbefugnisse der Gesellschafter

Bei der KG zusätzlich:

- die Kommanditisten mit ihrer jeweiligen Hafteinlage

Bei Kapitalgesellschaften zusätzlich:

- die Geschäftsführer
- Vertretungsbefugnisse der Geschäftsführer
- Änderungen des Gesellschaftsvertrags

Bei Kapitalgesellschaften müssen außerdem der Gesellschaftsvertrag und Gesellschafterlisten eingereicht werden. Außerdem müssen die Jahresabschlüsse je nach Größe der Gesellschaft in unterschiedlichem Umfang im elektronischen Bundesanzeiger veröffentlicht werden.

> *Veröffentlichung im Internet*
>
> Das Handels- und das Partnerschaftsregister sowie die dortigen Veröffentlichungen einschließlich der veröffentlichten Jahresabschlüsse können von jedermann kostenfrei unter www.unternehmensregister.de eingesehen werden. Die jeweiligen Anmeldungen und die seit 2004 von den Kapitalgesellschaften eingereichten Gesellschaftsverträge, Gesellschafterlisten und sonstigen Dokumente können nach einer einfachen Registrierung unter www.handelsregister.de gegen Gebühr abgerufen werden.

Weitere Anmeldepflichten

Unabhängig von Gründung und Eintragung im Handelsregister müssen gewerblich tätige Gesellschaften ihr Gewerbe bei den jeweils zuständigen Behörden anmelden.

Die gewerbesteuerpflichtigen Gesellschaften sind außerdem Pflichtmitglieder der örtlichen IHK, Handwerksbetriebe sind Pflichtmitglieder der jeweiligen Handwerkskammern. Je nach Beruf sind Freiberufler Mitglieder der berufsständischen Kammern, z. B. Ärzte- oder Architektenkammer.

Die GbR

Die Gesellschaft bürgerlichen Rechts (GbR) ist die Grundform der Personengesellschaften. Im Gesetz ist die GbR in den §§ 705 bis 740 BGB geregelt.

Grundvoraussetzung der GbR ist nach § 705 BGB der Gesellschaftsvertrag. Eine bloße Personenmehrheit, die ohne eine vertragliche Abrede besteht, ist daher keine Gesellschaft, selbst wenn sie, wie etwa Erbengemeinschaften, im Einzelfall auch Vermögen bilden mag.

Eine weitere Voraussetzung ist die Förderung eines gemeinsamen Zwecks. Gesellschaftszweck kann dabei jeder erlaubte Zweck wirtschaftlicher oder ideeller Natur sein. Er muss von allen Gesellschaftern rechtlich verbindlich vereinbart und gemeinsam verfolgt werden.

Einen eigenen Namen muss die Gesellschaft nicht haben. Anders als bei Handelsgesellschaften müssen auf den Geschäftsbriefen auch keine Angaben zu Rechtsform und Gesellschaftern enthalten sein.

> Eine GbR, die nach außen auftritt, ist grundsätzlich auch umfassend rechtsfähig. Durch die Möglichkeit, am Rechts- und Wirtschaftsverkehr teilzunehmen, kann die GbR darum als vollwertige Unternehmensträgerin eingesetzt werden.

Die gesetzlichen Regelungen der GbR in den §§ 705 ff. BGB sind weitgehend dispositiv, sodass es bei den tatsächlichen Erscheinungsformen der GbR eine erhebliche Artenvielfalt gibt. Der – gesetzlich unterstellte – Normaltypus ist eine Außengesellschaft mit Gesamthandsvermögen.

Häufig auftretende Abweichungen vom gesetzlichen Normalfall sind etwa reine Innengesellschaften oder auch Gesellschaften, bei denen gar kein Gesamthandsvermögen gebildet wird. Bei einer GbR als Innengesellschaft beschränken sich die Rechtsbeziehungen allein auf das Verhältnis zwischen den Gesellschaftern. Solche Innengesellschaften sind beispielsweise stille Beteiligungen an einem nicht kaufmännischen Gewerbe oder Unterbeteiligungen am Gesellschaftsanteil eines anderen.

Gründung

Die Gründung der GbR erfolgt durch Abschluss des Gesellschaftsvertrags. Ein besonderes Verfahren ist im Normalfall nicht erforderlich. Der Gesellschaftsvertrag muss folgenden Mindestinhalt haben:

- Gesellschafter
- Gesellschaftszweck

Der Gesellschaftsvertrag kann formfrei geschlossen werden. Weder müssen die Gesellschafter ihn schriftlich festhalten noch muss die GbR ihn registrieren lassen. Gesonderte Kosten für die Gründung fallen nicht an.

Der Gesellschaftsvertrag

Der Gesellschaftsvertrag der GbR bedarf grundsätzlich keiner Form und kann auch durch konkludentes Verhalten zustande kommen. Sofern keine vertraglichen Formerfordernisse vereinbart sind, gilt die Formfreiheit zudem für alle Änderungen des Gesellschaftsvertrags.

Formbedürftig sind Gesellschaftsverträge, wenn sie Leistungsversprechen beinhalten, die ihrerseits formbedürftig sind, etwa nach § 311b BGB das Versprechen eines Gesellschafters, ein Grundstück einzubringen.

Ein schriftlicher Gesellschaftervertrag ist gleichwohl immer empfehlenswert. Die Praxis zeigt, dass häufig Streit entsteht, wenn die vertraglichen Absprachen und Beschlüsse nicht hinreichend dokumentiert sind. Zudem verlangen Finanz- und Ordnungsämter sowie berufsständische Kammern häufig die Vorlage eines schriftlichen Vertrags.

> *Praxistipp: Gesellschaftsregister*
>
> Legen Sie für Ihre Gesellschaft einen gesonderten und für alle Gesellschafter zugänglichen Ordner an, in dem eine Ausfertigung des Gesellschaftsvertrags und sämtliche Beschlüsse abgelegt werden.

Die grundsätzliche Formfreiheit ist für die Praxis von besonderer Bedeutung. Einerseits können bereits geschlossene GbR-Verträge durch die tatsächliche Handhabung seitens der Gesellschafter abgeändert werden. Nicht selten wählen die Gesellschafter unbedacht Musterformulierungen, die den Bedürfnissen der konkreten Gesellschaft bei Weitem nicht gerecht werden. Kommt es dann zu einer vom vereinbarten Vertrag abweichenden Handhabung etwa der Beschlussfassung oder der Gewinnausschüttung, stellt sich die Frage, ob damit eine konkludente Änderung des Gesellschaftsvertrages verbunden ist oder lediglich eine einmalige Abweichung beschlossen wurde. Daher empfiehlt es sich, bei Abfassung von Gesellschaftsverträgen Bestimmungen aufzunehmen, die für Vertragsänderungen eine nachvollziehbare Form voraussetzen.

Änderungen des Vertrags

Die Änderung des Gesellschaftsvertrags bestimmt sich nach den gleichen Grundsätzen wie der ursprüngliche Abschluss. Sie setzt nach dem Gesetz grundsätzlich voraus, dass die Gesellschafter die Änderung einstimmig vereinbaren. Im Gesellschaftsvertrag kann auch geregelt werden, dass eine Vertragsänderung durch Mehrheitsbeschluss erfolgen kann. Es sind zwei wichtige Grenzen zu beachten, die im Personengesellschaftsrecht übergreifende Bedeutung haben:

- Zum einen bedürfen die Vertragsänderungen, die durch Mehrheitsentscheidung erfolgen sollen, nach dem Bestimmtheitsgrundsatz einer konkreten Mehrheitsklausel im Gesellschaftsvertrag.

- Zum anderen steht nach der sogenannten Kernbereichslehre jedem Gesellschafter ein Kernbereich seiner Mitgliedschaft zu, in den grundsätzlich nicht ohne seine Zustimmung eingegriffen werden kann. Der Kernbereich ist nach den konkreten Verhältnissen der jeweiligen Mitgliedschaft zu bestimmen und umfasst regelmäßig die Gesellschaftserstellung selbst sowie Stimmrechte, Geschäftsführung und auch vermögensmäßige Rechte wie Gewinn- und Liquidationsteilhabe.

Innenverhältnis der GbR

Das Innenverhältnis der Gesellschaft bezeichnet die Rechtsbeziehungen der Gesellschafter untereinander und gegenüber der Gesellschaft. Die betroffenen Rechte und Pflichten werden durch den Gesellschaftsvertrag begründet und im Gesetz sowie im Gesellschaftsvertrag geregelt.

Pflichten der Gesellschafter

Die Gesellschafter sind nach dem Gesellschaftsvertrag regelmäßig verpflichtet, Beiträge zu leisten. Dafür kommen grundsätzlich alle denkbaren Vermögenswerte in Betracht, also neben Geldleistungen auch Sachen, Rechte, Nutzungen, Gebrauchsüberlassungen und Dienstleistungen.

In Ermangelung anderweitiger Bestimmungen haben die Gesellschafter nach § 706 Abs. 1 BGB grundsätzlich gleiche Beiträge zu leisten. Sie können jedoch die Beitragspflicht frei bestimmen und inhaltlich ausgestalten, wobei sie auch die Bewertung und das Verhältnis der einzelnen Beiträge zueinander regeln können.

Keine Nachschusspflicht

Nach § 707 BGB sind die Gesellschafter nicht verpflichtet, vereinbarte Beiträge nachträglich zu erhöhen oder eine etwa durch Verlust verminderte Einlage zu ergänzen.

Eine Nachschusspflicht kann nur einvernehmlich vereinbart werden, wozu entweder eine (hinreichend bestimmte) Regelung im Gesellschaftsvertrag oder eine nachträgliche Vertragsänderung erforderlich ist. Im Gesellschaftsvertrag kann auch vorgesehen werden, dass die Nachschusspflicht erst durch Mehrheitsbeschluss begründet wird. In diesem Fall sind im Gesellschaftsvertrag bereits die Grenzen einer späteren Erhöhung des Beitrags festzulegen.

Treuepflicht

Fußend auf dem Gesellschaftsvertrag als Organisationsvertrag gehen die mitgliedschaftlichen Pflichten regelmäßig über die rein schuldrechtlichen Absprachen hinaus. Die Gesellschafter sind zueinander bzw. zur Gesellschaft allgemein zur Treue verpflichtet.

Wettbewerbsverbot

Ein Wettbewerbsverbot der Gesellschafter ist gesetzlich nicht geregelt. Bei einer typischen Erwerbsgesellschaft sind die mitarbeitenden Gesellschafter auch ohne Vertragsbestimmung aufgrund ihrer Treuepflicht an einem Wettbewerb gehindert. Ob und wie ein Wettbewerbsverbot besteht, ist im Einzelfall nach den konkreten Verhältnissen der Gesellschaft sowie dem Interesse aller an einer Bindung von Know-how und Kapazitäten in der Gesellschaft zu bestimmen.

Vertraglich vereinbarte Wettbewerbsverbote sind insbesondere an der grundrechtlich geschützten Berufsfreiheit zu messen. Wettbewerbsbeschränkende Bestimmungen in Gesellschaftsverträgen sind nur zulässig, wenn und soweit sie notwendig sind, um Bestand und Funktionsfähigkeit der Gesellschaft zu erhalten. Bei der Gestaltung ist daher zu beachten, dass das Wettbewerbsverbot räumlich und gegenständlich auf das notwendige Maß beschränkt wird. Nachvertragliche Wettbewerbsverbote sind regelmäßig bis zur Dauer von zwei Jahren zulässig. Bei Freiberuflern sind nachvertragliche Wettbewerbsverbote außerdem nur zulässig, wenn eine Abfindung dafür gezahlt wird.

Informations- und Stimmrecht

Nach § 716 Abs. 1 BGB sind alle Gesellschafter berechtigt, sich von den Angelegenheiten der Gesellschaft persönlich zu unterrichten, die Bücher einzusehen und sich eine Übersicht über den Stand des Gesellschaftsvermögens anzufertigen. Das Informationsrecht kann durch den Gesellschaftsvertrag auch ausgeschlossen werden, es sei denn, es besteht Grund zu der Annahme einer unredlichen Geschäftsführung.

Das Stimmrecht ist das grundlegende mitgliedschaftliche Mitwirkungsrecht der Gesellschafter im Innenverhältnis. Die Willensbildung der GbR erfolgt regelmäßig durch eine Beschlussfassung, deren Form (schriftlich, mündlich, telefonisch etc.) und Ablauf (gleichzeitig, nacheinander, geheim oder öffentlich) frei ausgestaltet werden kann. Nach § 709 Abs. 1 BGB gilt das Einstimmigkeitsprinzip, d. h. für jedes Geschäft ist grundsätzlich die Zustimmung aller Gesellschafter erforderlich. Nach § 709 Abs. 2 BGB können Mehrheitsentscheidungen vertraglich vereinbart werden, die, sofern nicht abweichend geregelt, im Zweifel nach Köpfen bestimmt werden.

Gewinn- und Verlustteilhabe

Zu den Vermögensrechten der Gesellschafter zählen die Ansprüche auf Gewinn sowie auf ein etwa vorhandenes Auseinandersetzungsguthaben, wenn die Gesellschaft aufgelöst wird. Der Gewinnanspruch wird gemäß § 721 BGB am Schluss jedes Geschäftsjahres bzw. bei einer unterjährigen Vertragsdauer nach Auflösung der Gesellschaft fällig.

Grundsätzlich sind auch beim Gewinn alle Gesellschafter gleichberechtigt, unabhängig davon, wie hoch die einzelnen Beiträge waren. Dies gilt nach § 722 BGB entsprechend auch für den Verlustanteil.

Geschäftsführung der GbR

Nach § 709 Abs. 1 BGB steht die Geschäftsführung allen Gesellschaftern gemeinschaftlich zu. Treffen sie keine abweichende Regelung, haben alle Gesellschafter das Recht, aber auch die Pflicht, an der gemeinschaftlichen Geschäftsführung teilzuhaben. Die Geschäftsführung der GbR umfasst die Entscheidungsfindung im Innenverhältnis der Gesellschafter untereinander, wie der Gesellschaftszweck verfolgt werden soll. Der Begriff der Geschäftsführung ist dabei weit zu verstehen und umfasst Maßnahmen aller Art. Die Geschäftsführung beschränkt sich ausschließlich auf das Innenverhältnis und ist mit Blick auf das Außenverhältnis streng von der Vertretung der Gesellschaft gegenüber Dritten zu trennen. Zwar kann eine Handlung, etwa der Einkauf eines Lasters, ein Akt sowohl der Geschäftsführung als auch der

Vertretung sein, jedoch sind hinsichtlich der Entschließung, Zuständigkeit und Verantwortlichkeit (= Geschäftsführung) sowie hinsichtlich der Rechtswirksamkeit (= Vertretung) der Handlung im Innen- und Außenverhältnis unterschiedliche Maßgaben zu beachten.

Vertragliche Gestaltungsmöglichkeiten

Durch den Gesellschaftsvertrag kann von der Gesamtgeschäftsführung weitgehend abgewichen werden. So kann, um nur einige Beispiele zu nennen, die Geschäftsführung einzelnen oder mehreren Gesellschaftern unter Ausschluss der übrigen Gesellschafter übertragen werden. Sind mehrere Gesellschafter geschäftsführungsbefugt, so kann für diese vereinbart werden, dass Entscheidungen im Mehrheitsprinzip getroffen werden, wobei die Stimmen etwa nach Köpfen oder Kapitalanteilen bemessen werden können. Den geschäftsführenden Gesellschaftern kann zudem ein inhaltlicher Rahmen für ihre Entscheidungskompetenz zugewiesen werden und es kann ein Katalog zustimmungspflichtiger Geschäfte vereinbart werden, deren Durchführung im Innenverhältnis eines vorherigen Gesellschafterbeschlusses bedarf. Ferner kann die Geschäftsführung auch nach Ressorts zwischen den Gesellschaftern aufgeteilt werden. Schließlich können diese und weitere Gestaltungsmöglichkeiten auch miteinander kombiniert werden.

> Dem einzelnen Gesellschafter kann die Geschäftsführung grundsätzlich nicht ohne seine Mitwirkung entzogen werden, andererseits kann er sie aber auch nicht einseitig ablehnen oder niederlegen. Für die Entziehung ebenso wie für die Niederlegung ist nach § 712 BGB ein wichtiger Grund erforderlich.

Selbstorganschaft

Im Personengesellschaftsrecht gilt allgemein der Grundsatz der Selbstorganschaft. Das bedeutet, dass die Geschäftsführung zwingend in den Händen der Gesellschafter liegen muss. Die organschaftliche Geschäftsführung kann Nichtgesellschaftern nicht übertragen werden.

Es ist aber möglich, Nichtgesellschafter mit einzelnen oder auch allen Aufgaben der Geschäftsführung rechtsgeschäftlich zu beauftragen. Diese rechtsgeschäftliche Gestaltung betrifft das Außenverhältnis. So kann etwa die GbR einem Steuerbüro die Buchhaltung oder einem Architekten die Bauleitung des gemeinschaftlichen Bauprojekts übertragen. Die rechtsgeschäftlich eingeräumten Befugnisse können die Zuständigkeit der geschäftsführenden Gesellschafter nicht verdrängen. Insbesondere können Gesellschaft und Gesellschafter alle Geschäftsführungsaufgaben jederzeit wieder an sich ziehen.

Vergütung

Eine Vergütung für die Geschäftsführungstätigkeit ist gesetzlich nicht vorgesehen. Zwar kann der geschäftsführende Gesellschafter nach § 670 BGB i. V. m. § 713 BGB Aufwendungsersatz fordern. Eine Vergütung wird hiervon nicht erfasst, vielmehr schuldet der Gesellschafter die Geschäftsführung als Beitrag aus dem Gesellschaftsvertrag. Eine Vergütung für die Geschäftsführung kann durch den Gesellschafts- oder auch durch einen Dienstvertrag zwischen Gesellschafter und Gesellschaft vereinbart werden.

Das Gesellschaftsvermögen

Das Gesellschaftsvermögen ist in §§ 718 ff. BGB geregelt und unterliegt im Regelfall der gesamthänderischen Bindung nach § 719 BGB. Zum Gesellschaftsvermögen können alle Gegenstände gehören, die einen Vermögenswert haben, also neben Sachen und Rechten auch immaterielle Vermögenswerte, etwa Kundenbeziehungen, Geschäftserfahrung etc. Erworben wird das Gesellschaftsvermögen primär durch die Beitragsleistung der Gesellschafter. Sodann wird es aufgrund der Geschäftsführung gebildet und gemehrt. Schließlich erstreckt es sich nach § 718 Abs. 2 BGB auch auf alles, was als Surrogat für Rechte und Gegenstände des Gesellschaftsvermögens erworben wird.

Das Gesellschaftsvermögen ist ein selbstständiges Sondervermögen. Daher sind etwa bei der Beitragsleistung der Gesellschafter an die GbR die Vorschriften zur Übertragung von beweglichen und unbeweglichen Sachen einzuhalten.

Außenverhältnis der GbR

Vertretung

Die Vertretung der GbR im Außenverhältnis steht nach § 714 BGB den geschäftsführenden Gesellschaftern zu. Aus der gemeinschaftlichen Geschäftsführung aller Gesellschafter ergibt sich daher auch deren gemeinschaftliche Vertretungsmacht.

Die Vertretung kann ebenso wie die Geschäftsführung weitgehend vertraglich zugewiesen und ausgestaltet werden. Der Umfang der Vertretungsmacht kann beliebig eingeschränkt werden.

Wirkungen der Vertretung

Durch das rechtsgeschäftliche Handeln der vertretungsbefugten Gesellschafter werden Rechte und Pflichten der GbR begründet. Dabei unterliegen die erworbenen Rechte grundsätzlich als Vermögenswerte der gesamthänderischen Bindung des Gesellschaftsvermögens, wohingegen für Pflichten und Verbindlichkeiten neben der GbR auch deren Gesellschafter persönlich haften.

> Durch das Handeln im Rahmen der Vertretungsmacht wird allein die Gesellschaft selbst berechtigt und verpflichtet. Die Rechte und Pflichten der Gesellschafter, insbesondere deren Haftung für Gesellschaftsschulden, sind Reflex ihrer Gesellschafterstellung und akzessorisch hierzu.

Haftung der Gesellschafter

Neben der GbR und deren Gesellschaftsvermögen haften auch alle Gesellschafter für die Gesellschaftsschulden

- unmittelbar,
- primär,
- persönlich,
- gesamtschuldnerisch und
- unbeschränkt
- mit ihrem Privatvermögen.

Nach §§ 713, 669 BGB sind die Gesellschafter bei einer Inanspruchnahme berechtigt, von der Gesellschaft die Befreiung von der Verbindlichkeit zu verlangen. Daneben können sie von ihren Mitgesellschaftern auch einen verhältnismäßigen Ausgleich ihrer Inanspruchnahme verlangen.

Wechsel der Gesellschafter

Der Gesellschafterwechsel betrifft den Eintritt oder das Ausscheiden von Gesellschaftern bzw. die Übertragung des Gesellschaftsanteils im Ganzen oder in Teilen. Die GbR ist in ihrer Identität durch die Gesellschafter als Parteien des Gesellschaftsvertrags bestimmt. Jede Veränderung im Gesellschafterbestand, sei es der Eintritt eines neuen oder das Ausscheiden eines alten Gesellschafters, bewirkt zugleich eine Änderung des Gesellschaftsvertrags, der alle Gesellschafter zustimmen müssen.

Nach dem Gesellschaftsvertrag können verschiedene Möglichkeiten eröffnet werden, den Eintritt neuer Gesellschafter zu erleichtern, etwa indem hierfür ein Mehrheitsbeschluss ausreicht oder ein Gesellschafter auch berechtigt wird, im Fall seines Ausscheidens einen Nachfolger zu bestimmen.

Rechtsfolgen des Eintritts

Der Eintretende tritt grundsätzlich in die bestehende Gesellschaft als vollwertiger Gesellschafter mit allen hieraus resultierenden Rechten und Pflichten ein. Durch den Eintritt wächst ihm sein Anteil am Gesellschaftsvermögen zu. Gesonderter Übertragungsakte bedarf es nicht.

> Beispielsweise muss etwa ein im Gesellschaftsvermögen befindliches Grundstück nicht notariell aufgelassen werden. Da die Registerpublizität neben der Eintragung der Gesellschaft auch die der Gesellschafter erfordert, ist das Grundbuch mit Eintritt unrichtig geworden und durch Miteintragung des neuen Gesellschafters nach § 82 GBO entsprechend zu berichtigen.

Vom Zeitpunkt des Eintritts an haftet der neue Gesellschafter auch für alle danach begründeten Gesellschaftsverbindlichkeiten. Für die vor seinem Eintritt begründeten Verbindlichkeiten ist eine Haftung entsprechend § 130 HGB ebenfalls anzunehmen, wenn die GbR hinreichend rechtlich verselbstständigt ist.

Ausscheiden eines Gesellschafters

Das Ausscheiden von Gesellschaftern kann jederzeit freiwillig mit Einverständnis aller Gesellschafter erfolgen. Außerdem kann jeder Gesellschafter die Gesellschaft nach §723 BGB kündigen und damit die Auflösung der Gesellschaft herbeiführen. Darüber hinaus steht den Gesellschaftern kein Austrittsrecht zu. Sie sind an den Gesellschaftsvertrag gebunden, bis der Zweck der GbR erreicht ist.

Ausschluss des Gesellschafters

Das Ausscheiden gegen oder ohne den Willen des betroffenen Gesellschafters bedarf einer vorherigen Regelung im Gesellschaftsvertrag. Nach §736 Abs.1 BGB sind drei Umstände benannt, die im Gesellschaftsvertrag bestimmt werden können. Danach kann der Gesellschaftsvertrag vorsehen, dass ein Gesellschafter aus der GbR ausscheidet, wenn er kündigt oder stirbt oder wenn über sein Vermögen das Insolvenzverfahren eröffnet wird. Die gesetzliche Aufzählung ist nicht abschließend. So kann der Gesellschaftsvertrag das Ausscheiden etwa auch vorsehen, wenn ein Privatgläubiger des Gesellschafters die GbR nach §725 BGB kündigt oder der Gesellschafter ein bestimmtes Alter erreicht.

> Im Gesellschaftsvertrag kann kein freies Hinauskündigungsrecht vereinbart werden. Denn die Gefahr einer Hinauskündigung ohne sachliche Begründung würde besonders im Falle einer unternehmenstragenden GbR den einzelnen Gesellschafter unzulässig in seiner

> Entscheidungsfreiheit hemmen, da er bei allen innergesellschaftlichen Auseinandersetzungen unter dem „Damoklesschwert" der Hinauskündigung stünde. Die Vereinbarung der Gründe für das Ausscheiden ist darum an den guten Sitten zu messen und in jedem Einzelfall zu prüfen.

Bei entsprechender Vertragsgestaltung kann den Gesellschaftern nach § 737 Satz 2 BGB ein Ausschließungsrecht aus wichtigem Grund zustehen. Ein wichtiger Grund liegt vor, wenn ein Gesellschafter wesentliche Pflichten schuldhaft verletzt und den übrigen Gesellschaftern eine Fortsetzung der Gesellschaft mit ihm unzumutbar ist. Der Ausschluss eines Gesellschafters bedarf dann eines einstimmigen Beschlusses der übrigen Gesellschafter und erfolgt nach § 737 Satz 3 BGB durch Erklärung gegenüber dem auszuschließenden Gesellschafter.

Rechtsfolgen des Ausscheidens

Nach § 738 Abs. 1 Satz 1 BGB bewirkt das Ausscheiden eines Gesellschafters, dass sein Anteil am Gesellschaftsvermögen den übrigen Gesellschaftern zuwächst, was auch als „Anwachsung" bezeichnet wird. Das Gesellschaftsvermögen steht nach dem Ausscheiden unmittelbar nur noch den übrigen Gesellschaftern zu und der ausgeschiedene Gesellschafter hat allenfalls noch schuldrechtliche Ansprüche gegen die übrigen Gesellschafter bzw. die Gesellschaft. Die Anwachsung stellt keine Rechtsnachfolge dar, sodass die vorhandenen Gesellschaftsanteile der übrigen Gesellschafter

Wechsel der Gesellschafter

lediglich in ihrem Bestand erweitert werden. Eine gesonderte Übertragung des Gesellschaftsvermögens ist spiegelbildlich wie bei Eintritt eines Gesellschafters nicht erforderlich.

Nach § 738 Abs. 1 Satz 2 BGB hat der ausgeschiedene Gesellschafter neben der Rückgabe überlassener Gegenstände und Befreiung von Gesellschaftsschulden insbesondere Anspruch auf eine Abfindung. Nach der gesetzlichen Regelung schulden die übrigen Gesellschafter dem Ausscheidenden die Zahlung eines fiktiven Auseinandersetzungsguthabens. Nach § 738 Abs. 2 BGB ist der Wert des Gesellschaftsvermögens erforderlichenfalls durch Schätzung zu ermitteln. Daneben nimmt der Ausgeschiedene nach § 740 BGB an Gewinn und Verlust der zur Zeit seines Ausscheidens schwebenden Geschäfte teil. Über das Ergebnis aus diesen Geschäften, die die übrigen Gesellschafter nach Gutdünken zu führen berechtigt sind, sind die Gesellschafter zur jährlichen Rechnungslegung verpflichtet.

> Die Rechtsprechung wendet die gesetzlichen Regeln nicht in allen Fällen an. Vor allem für Erwerbsgesellschaften wird die gesetzliche Gestaltung häufig als nicht gewollt angesehen, selbst wenn die Gesellschafter keine vertraglichen Abreden getroffen haben. Die Abfindung soll sich statt auf ein fiktives Auseinandersetzungsguthaben auf den Ertragswert der Beteiligung belaufen, den ein fremder Investor für den Anteil zahlen würde. Zu dessen Berechnung wird der Ertrag durch die Prognose künftiger Überschüsse ermittelt und auf den Zeitpunkt des Ausscheidens abgezinst, wobei die Einzelheiten nach den konkreten Verhältnissen der

> Gesellschaft zu bestimmen sind. Aufgrund der Vielfalt von Berechnungsmethoden und -formeln empfiehlt sich eine klare vertragliche Regelung etwaiger Abfindungen. Bei der Gestaltung sind vielfältige Vorgaben der Rechtsprechung zu beachten.

Haftung nach dem Ausscheiden

Für die nach seinem Ausscheiden begründeten Verbindlichkeiten haftet der ausgeschiedene Gesellschafter nicht mehr. Für die bis zu seinem Ausscheiden begründeten Verbindlichkeiten trifft den ausgeschiedenen Gesellschafter im Außenverhältnis eine begrenzte Nachhaftung nach Maßgabe des § 160 HGB i. V. m. § 736 Abs. 2 BGB, sofern der Anspruch vor Ablauf von fünf Jahren nach dem Ausscheiden fällig geworden und entsprechend geltend gemacht worden ist. Die Frist beginnt, sobald die Gläubiger vom Ausscheiden des Gesellschafters Kenntnis erlangen. Daher empfiehlt es sich, das Ausscheiden den Gläubigern geschäftsüblich anzuzeigen.

Im Innenverhältnis gehen alle Schulden der Gesellschaft grundsätzlich zulasten der in der GbR verbleibenden Gesellschafter. Die zum Stichtag des Ausscheidens bestehenden Schulden der Gesellschaft sind bereits bei der Bemessung der Abfindung nach § 738 Abs. 1 Satz 2 BGB zu berücksichtigen, sodass die verbleibenden Gesellschafter den Ausscheidenden entsprechend von der Haftung zu befreien bzw., sofern die Schulden noch nicht fällig sind, nach § 738 Abs. 1 Satz 3 BGB Sicherheit zu leisten haben.

> Soweit der Wert des Gesellschaftsvermögens bei Ausscheiden für die Deckung der Schulden und der Einlagen nicht ausreicht, trifft den Ausscheidenden nach § 739 BGB die Fehlbetragshaftung und er muss den resultierenden Verlust anteilsmäßig übernehmen und zahlen.

Übertragung des Gesellschaftsanteils

Die Übertragung eines Gesellschaftsanteils ist nach dem gesetzlichen Normalfall der GbR im Rahmen eines Doppelvertrags möglich, der den Eintritt des neuen mit dem Ausscheiden des bisherigen Gesellschafters verbindet. Daneben ist auch die Übertragung eines Gesellschaftsanteils durch ein gesellschaftsrechtliches Verfügungsgeschäft anerkannt. Hierbei handelt es sich um eine unmittelbare Verfügung zwischen dem bisherigen und dem neuen Gesellschafter, die eine dingliche Wirkung im Sinne der §§ 413, 398 BGB auslöst. Die Übertragung der Mitgliedschaft stellt für die Gesellschafter eine Vertragsänderung dar, weil hierdurch die personelle Zusammensetzung verändert wird. Daher ist auch die dingliche Verfügung über den Gesellschaftsanteil grundsätzlich von der Zustimmung aller Gesellschafter abhängig.

Tod eines Gesellschafters

Ein Eintritt durch Erbfolge ist gesetzlich nicht vorgesehen, nach § 727 Abs. 1 BGB führt der Tod eines Gesellschafters zur Auflösung der Gesellschaft. Wie auch § 727 BGB zu entnehmen ist, kann der Gesellschaftsvertrag abweichend eine Fortsetzung der Gesellschaft vorsehen. Die Regelung der Rechtsfolgen des Todes eines Gesellschafters ist von besonderer Bedeutung. Grundsätzlich entscheidet sich das Schicksal von Gesellschaft und Gesellschaftsanteil im Todesfall vornehmlich nach der gesellschaftsvertraglichen Regelung. So gehen etwa testamentarische Verfügungen des Erblassers über den Gesellschaftsanteil ins Leere, wenn der Gesellschaftsvertrag solche Verfügungen nicht zulässt oder keine Fortsetzung der Gesellschaft vereinbart ist.

> Im Gesellschaftsvertrag können neben der einfachen Fortsetzung Nachfolge- oder Eintrittsklauseln vereinbart werden. Von einer Nachfolgeklausel spricht man, wenn der Gesellschaftsvertrag vorsieht, dass die Gesellschaft mit allen oder einzelnen Erben (oder Vermächtnisnehmern) fortgesetzt wird. Durch eine Eintrittsklausel wird den Erben durch den Gesellschaftsvertrag ein Eintrittsrecht gewährt, wobei der Eintritt durch einen gesonderten Aufnahmevertrag vollzogen werden muss. Bei der gesellschaftsvertraglichen Vereinbarung von Nachfolge und Eintritt sind darüber hinaus qualifizierte oder auch einfache Gestaltungen üblich, je nachdem ob der (die) Eintretende(n) bereits konkret namentlich benannt oder allgemein durch die gesetzliche oder testamentarische Erbfolge bestimmt wird (werden).

Beendigung der GbR

Die Beendigung der Gesellschaft erfolgt durch eine Auseinandersetzung, die durch die Auflösung eingeleitet und durch die Vollbeendigung abgeschlossen wird. Die Auflösung bewirkt daher nicht zugleich das Erlöschen der GbR, vielmehr wandelt sich die GbR in eine Abwicklungsgesellschaft um, die mit der bisherigen GbR identisch bleibt. Als Folge der Auflösung ändert sich der Gesellschaftszweck, der bis zur Vollbeendigung auf die Abwicklung gerichtet ist.

Die Auflösungsgründe ergeben sich aus Vertrag und Gesetz. So sind etwa in den §§ 723–728 BGB zahlreiche Auflösungsgründe benannt, die weitgehend dispositiv sind. Zwingend ist jedenfalls die Auflösung und Beendigung der Gesellschaft, sobald der vorletzte Gesellschafter aus der GbR ausscheidet. In diesem Fall findet auch keine Auseinandersetzung statt, vielmehr fällt das Vermögen an den letzten verbliebenen Gesellschafter.

Liquidationsverfahren

Nach § 730 BGB findet nach der Auflösung der Gesellschaft in Ansehung des Gesellschaftsvermögens die Auseinandersetzung oder auch Liquidation des Gesellschaftsvermögens statt.

Dabei sind zunächst die von den Gesellschaftern etwa zur Benutzung überlassenen Gegenstände nach § 732 BGB zurückzugeben. Sind diese abhanden gekommen oder verschlechtert, kann kein Ersatz verlangt werden. Sodann sind nach § 733 BGB die Gesellschaftsschulden zu zahlen bzw. das hierzu Erforderliche zurückzuhalten. Besteht das Gesellschaftsvermögen nicht oder nicht zur Genüge aus Geld, so ist es nach § 733 Abs. 3 BGB im erforderlichen Maße in Geld umzusetzen. Aus dem nach der Berichtigung der Schulden verbleibenden Vermögen sind nach § 733 Abs. 2 BGB die Einlagen zurückzuzahlen, bei Sacheinlagen ist deren Wert im Einbringungszeitpunkt zu erstatten. Für Einlagen, die lediglich in der Leistung von Diensten oder der Überlassung von Gegenständen zur bloßen Benutzung bestanden, kann hingegen kein Ersatz gewährt werden.

Ein eventuell verbleibender Überschuss ist an die Gesellschafter nach dem Verhältnis ihrer Anteile am Gewinn zu verteilen, § 734 BGB.

> Falls das Gesellschaftsvermögen zur Zahlung der Schulden und Erstattung der Einlagen nicht ausreicht, haften die Gesellschafter nach § 735 BGB für den Fehlbetrag und müssen den auf sie verhältnismäßig entfallenden Anteil an die Gesellschaft zahlen. Soweit von einem Gesellschafter der auf ihn entfallende Beitrag nicht erzielt werden kann, haben die übrigen Gesellschafter nach § 735 Satz 2 BGB auch diesen Anteil verhältnismäßig auszugleichen.

Da die Liquidation, anders als bei Kapitalgesellschaften, allein den Interessen der Gesellschafter dient, können diese auch ein abweichendes Verfahren vereinbaren. Die Gläubiger sind durch die persönliche Haftung der Gesellschafter ausreichend geschützt.

Auf den Punkt gebracht

- Eine GbR ist eine Personengesellschaft, die zu jedem Zweck betrieben werden kann. Voraussetzungen sind ein Gesellschaftsvertrag und ein gemeinsamer Zweck.

- Sie ist Grundform aller Personengesellschaften, deren Regelungen kraft gesetzlicher Verweisung subsidiär zur Anwendung kommen. Geregelt ist sie in §§ 705–740 BGB.

Die OHG

Die offene Handelsgesellschaft (OHG) ist eine Personengesellschaft, deren Zweck nach § 105 Abs. 1 HGB auf den Betrieb eines Handelsgewerbes unter gemeinschaftlicher Firma gerichtet ist und bei der sämtliche Gesellschafter den Gläubigern unbeschränkt haften. Nach § 105 Abs. 2 Satz 1 HGB kann der Zweck einer OHG daneben auch auf ein nicht kaufmännisches Gewerbe oder auf die Verwaltung eigenen Vermögens gerichtet sein. Die Anwendung der Regeln der OHG setzt dann voraus, dass die Firma des Unternehmens im Handelsregister eingetragen ist.

Das Recht der OHG ist in den §§ 105 bis 160 HGB geregelt. § 105 Abs. 3 HGB verweist zudem für alle dort nicht geregelten Fragen auf das Recht der GbR. Nachfolgend werden daher auch nur die wesentlichen Unterschiede zur GbR dargestellt.

Gründung

Gesellschaftsvertrag

Für die Gründung der OHG ist wie bei der GbR grundsätzlich kein besonderes Verfahren erforderlich. Die Gründung erfolgt auch hier durch Abschluss des Gesellschaftsvertrags. Ausnahme ist die nicht kaufmännische OHG, die erst mit Eintragung im Handelsregister entsteht.

Bei der OHG muss der Gesellschaftsvertrag wie bei der GbR folgenden Mindestinhalt haben:

- Gesellschafter
- Gesellschaftszweck

Der Gesellschaftsvertrag kann formfrei geschlossen werden. Die Schriftform ist gleichwohl empfehlenswert.

Anmeldung zum Handelsregister

Die Gesellschafter der OHG sind sodann verpflichtet, folgende Angaben zum Handelsregister anzumelden:

- Name der Gesellschaft (= Firma)
- Sitz
- Geschäftsanschrift
- Unternehmensgegenstand
- Gesellschafter (jeweils Name, Geburtsdatum, Wohnort)
- Vertretungsbefugnis der Gesellschafter

Die Anmeldung muss von allen Gesellschaftern unterzeichnet werden. Die Unterschriften müssen notariell beglaubigt werden. Im Unterschied zu einer Beurkundung wird durch die Beglaubigung nur die Zeichnung durch die Gesellschafter bescheinigt. Die Anmeldung wird sodann vom Notar elektronisch zum Handelsregister eingereicht. Weitere Unterlagen müssen nicht eingereicht werden.

Für die Anmeldung der OHG beim Handelsregister fallen schätzungsweise folgende Kosten an:

- Gerichtskosten: bei Erstanmeldung und bis zu drei Gesellschaftern 100 Euro, für jeden weiteren Gesellschafter 40 Euro.

- Notarkosten: bei Erstanmeldung und bis zu zwei Gesellschaftern ca. 175 Euro, für jeden weiteren Gesellschafter ca. 20 Euro.

Name der Gesellschaft

Der Name der Gesellschaft muss nach § 19 Abs. 1 Nr. 2 HGB den Rechtsformzusatz „offene Handelsgesellschaft" oder „OHG" enthalten. Sind nur Kapitalgesellschaften persönlich haftende Gesellschafter, muss nach § 19 Abs. 2 HGB auch deren Rechtsform in den Namen aufgenommen werden.

Angaben auf Geschäftsbriefen

Nach § 125a HGB müssen in Geschäftsbriefen jeder Art folgende Angaben gemacht werden:

- Rechtsform der Gesellschaft
- Sitz der OHG
- Registergericht und Registernummer

Als Geschäftsbriefe gelten alle Formen der schriftlichen Korrespondenz, also auch E-Mails.

Innenverhältnis der OHG

Im Innenverhältnis der OHG herrscht weitgehend Vertragsfreiheit. Nach § 109 HGB kommen die Vorschriften der §§ 110 bis 122 HGB über das Rechtsverhältnis der Gesellschafter zueinander nur zur Anwendung, wenn im Gesellschaftsvertrag nichts anderes bestimmt ist.

Geschäftsführung

Die Geschäftsführung der OHG obliegt den Gesellschaftern in Selbstorganschaft. Nach § 114 Abs. 1 HGB sind alle Gesellschafter zur Geschäftsführung berechtigt und verpflichtet. Wie aus § 114 Abs. 2 HGB ersichtlich wird, kann im Gesellschaftsvertrag die Geschäftsführung einem oder mehreren Gesellschaftern übertragen werden; die übrigen Gesellschafter sind dann von der Geschäftsführung ausgeschlossen.

Steht die Geschäftsführung allen oder mehreren Gesellschaftern zu, so ist nach § 115 Abs. 1 HGB jeder Gesellschafter allein handlungsberechtigt. Um die Wirkung im Konfliktfall beschränken zu können, hat jeder andere geschäftsführungsbefugte Gesellschafter ein Widerspruchsrecht, mit dem er die Vornahme konkreter Geschäfte hindern kann. Ist das Geschäft bereits durchgeführt, bleibt der Widerspruch freilich wirkungslos.

Die (Allein-)Geschäftsführungsbefugnis erstreckt sich nach § 116 Abs. 1 HGB auf alle Handlungen, die der gewöhnliche Geschäftsbetrieb mit sich bringt. Für darüber hinausgehende ungewöhnliche Geschäfte bedarf es nach § 116 Abs. 2 HGB eines Gesellschafterbeschlusses.

Nach § 117 HGB kann einem Gesellschafter die Geschäftsführungsbefugnis nachträglich entzogen werden, wenn ein wichtiger Grund, etwa eine grobe Pflichtverletzung oder Unfähigkeit zur Geschäftsführung vorliegt. Die Entziehung bedarf einer Klage durch die übrigen Gesellschafter.

> Nach § 110 HGB hat der geschäftsführende Gesellschafter einen Ersatzanspruch gegen die Gesellschaft, wenn er unmittelbar durch seine Geschäftsführung oder aus Gefahren, die mit ihr untrennbar verbunden sind, einen Verlust erleidet. Ebenso kann jeder Gesellschafter Ersatz verlangen, wenn er in den Gesellschaftsangelegenheiten Aufwendungen macht, die er den Umständen nach für erforderlich halten darf.

Wettbewerbsverbot

Nach § 112 HGB unterliegen die Gesellschafter einem gesetzlichen Wettbewerbsverbot. Ein Gesellschafter darf ohne Einwilligung der anderen weder im Handelszweig der Gesellschaft Geschäfte machen noch sich an gleichartigen Gesellschaften als persönlich haftender Gesellschafter beteiligen. Bei Verletzung des Wettbewerbsverbots ist der Gesellschafter nach § 113 Abs. 1 HGB zum Schadensersatz verpflichtet. Zudem hat die Gesellschaft ein Eintrittsrecht in die wettbewerbswidrigen Geschäfte des Gesellschafters, indem sie den Gesellschafter auf Erlösherausgabe in Anspruch nehmen kann. Die Geltendmachung dieser Ansprüche lässt nach § 113 Abs. 4 HGB weitere Sanktionen gegen den Gesellschafter unberührt.

Der Kapitalanteil

Nach dem gesetzlichen System der OHG sind die Gesellschafter durch Kapitalanteile am Kapital der Gesellschaft beteiligt. Die Kapitalanteile reflektieren das Verhältnis der Beteiligungen der Gesellschafter am Kapital der OHG zueinander. Nach den §§ 121, 155 HGB ist der Kapitalanteil für die Verteilung von Gewinn und Verlust sowie eines etwaigen Liquidationsvermögens maßgebend. Nach § 122 HGB hängt ferner die Erhebung von Entnahmen vom Stand des Kapitalanteils ab.

Der Kapitalanteil ist eine für jeden Gesellschafter gesondert zu ermittelnde Rechnungsziffer, die auf Euro lautet. Die Berechnung ist im Gesetz etwas kompliziert gestaltet. In der Praxis ist es üblich und empfehlenswert, die Kapitalanteile vertraglich festzusetzen.

Gewinn und Verlust, Entnahmerecht

Nach § 120 HGB wird am Schluss jedes Geschäftsjahres aufgrund einer Bilanz der Gewinn bzw. Verlust des Jahres ermittelt. Nach § 120 Abs. 2 HGB werden Gewinn und Verlust zunächst buchmäßig auf die Gesellschafter verteilt. Soweit ein Jahresgewinn vorhanden ist, erhält jeder Gesellschafter nach § 121 Abs. 1 HGB zunächst einen Anteil in Höhe von vier Prozent seines Kapitalanteils. Ist weniger Gewinn vorhanden, erhält jeder einen entsprechend ermäßigten Satz. Verbleibt hingegen ein Restbetrag, so wird dieser nach § 121 Abs. 3 HGB nach Köpfen unter den Gesellschaftern verteilt. Soweit sich ein Verlust ergibt, wird dieser vollständig nach Köpfen verteilt. Eine Berücksichtigung der Kapitalanteile erfolgt beim Verlust nicht.

Nach dem gesetzlichen Leitbild darf jeder Gesellschafter auch unabhängig von Gewinn und Verlust bis zu vier Prozent seines Kapitalanteils entnehmen, § 122 Abs. 1 HGB. Dieses

Entnahmerecht stellt eine Tätigkeitsvergütung dar, die zudem einen Ausgleich für das Haftungsrisiko schaffen soll. Nach § 122 Abs. 2 HGB sind die Gesellschafter grundsätzlich nicht befugt, ohne Einwilligung der anderen Gesellschafter aus der Gesellschaftskasse Geld zu entnehmen.

> *Vertragliche Regelung empfehlenswert*
>
> Die gesetzlichen Regelungen von Ergebnisverteilung und Entnahmerecht sind wenig praktikabel. Für die Vertragsgestaltung empfiehlt es sich, Gewinn- und Verlustverteilung sowie Entnahmen sehr sorgfältig auf die Verhältnisse der Gesellschaft abzustimmen und transparent zu gestalten, da sie besonderes Streitpotenzial bieten.

Außenverhältnis der OHG

Die Rechtsbeziehungen der Gesellschaft zu Dritten sind in den §§ 123–130b HGB geregelt, die dem Gläubigerschutz dienen und daher im Gegensatz zu den Regelungen des Innenverhältnisses weitgehend zwingende Wirkung haben.

Nach § 124 HGB kann die OHG unter ihrer Firma Rechte erwerben und Verbindlichkeiten eingehen, Eigentum und andere dingliche Rechte an Grundstücken erwerben, vor Gericht klagen und verklagt werden.

Vertretung

Zur Vertretung der Gesellschaft ist nach § 125 Abs. 1 HGB grundsätzlich jeder Gesellschafter mit Einzelvertretungsmacht befugt. Nach § 125 HGB können durch den Gesellschaftsvertrag einzelne (aber nicht alle) Gesellschafter von der Vertretungsmacht ausgeschlossen werden. Ferner steht es den Gesellschaftern frei, Gesamtvertretung durch mehrere Gesellschafter oder auch eine sogenannte gemischte Gesamtvertretung zwischen Gesellschaftern und Prokuristen zu vereinbaren. Alle etwaigen Beschränkungen der Vertretungsmacht werden aber im Außenverhältnis nur wirksam, wenn sie im Handelsregister eingetragen sind.

Nach § 127 HGB kann einem Gesellschafter die Vertretungsmacht nur durch gerichtliche Entscheidung entzogen werden. Wie bei der Entziehung der Geschäftsführungsbefugnis setzt dies eine Klage der übrigen Gesellschafter sowie einen wichtigen Grund voraus.

Haftung der Gesellschafter

Nach § 128 HGB haften die Gesellschafter gegenüber Gläubigern für alle Schulden der OHG persönlich, unbeschränkt, unbeschränkbar, unmittelbar, primär und gesamtschuldnerisch.

Neu eintretende Gesellschafter haften nach § 130 Abs. 1 HGB im Außenverhältnis gleich den anderen Gesellschaftern auch für die vor ihrem Eintritt begründeten Verbindlichkeiten. Zwar können die Gesellschafter im Innenverhältnis eine Freistellung vereinbaren, jedoch kann dadurch die Haftung im Außenverhältnis nicht beschränkt werden.

> Ausscheidende Gesellschafter können sich umgekehrt auch bei der OHG durch ihr Ausscheiden nicht der Haftung entziehen, sondern haften weiter für alle bislang begründeten Verbindlichkeiten fort. Jedoch sieht § 160 HGB eine zeitliche Begrenzung der Nachhaftung für fünf Jahre vor, die für den Fristbeginn an die Eintragung des Ausscheidens im Handelsregister anknüpft.

Wechsel der Gesellschafter

Der Gesellschafterwechsel der OHG gestaltet sich rechtstechnisch wie bei der GbR. Die gesetzlichen Regelungen des HGB sichern der OHG in ihrem Bestand eine gewisse Unabhängigkeit von ihren jeweiligen Mitgliedern. Nach § 131 Abs. 3 HGB führen etwa Tod, Insolvenzeröffnung und Kündigung bei einem Gesellschafter nicht zur Auflösung der OHG, sondern zum Ausscheiden des Gesellschafters, in dessen Person diese Gründe eintreten.

Nach §§ 107, 108 Abs. 1, 143 Abs. 2 HGB sind Eintritt und Ausscheiden von Gesellschaftern durch alle Gesellschafter zur Anmeldung im Handelsregister einzutragen.

Ausschluss eines Gesellschafters

Anders als bei der GbR kann ein Gesellschafter nach § 140 HGB nur durch Urteil aus der OHG ausgeschlossen werden. Voraussetzung hierfür ist zunächst eine Klage aller übrigen Gesellschafter. Inhaltlich muss in der Person des auszuschließenden Gesellschafters auch ein wichtiger Grund gegeben sein. Dies ist insbesondere der Fall, wenn ein Gesellschafter eine ihm nach dem Gesellschaftsvertrag obliegende wesentliche Verpflichtung vorsätzlich oder fahrlässig verletzt.

> Eine Ausschließung geht für den betroffenen Gesellschafter mit dem Verlust der Mitgliedschaft einher und ist daher nur als äußerstes Mittel der gesellschaftsrechtlichen Konfliktlösung zulässig. Im Einzelfall ist daher stets zu prüfen, ob nicht ein milderes Mittel genügt, wie etwa die Entziehung der Vertretungs- oder der Geschäftsführungsbefugnis.

Tod eines Gesellschafters

Ohne weitere gesellschaftsvertragliche Regelung scheidet der Erblasser mit seinem Tod aus der Gesellschaft aus und in den Nachlass fällt ein Abfindungsanspruch, der sich nach § 738 Abs. 1 Satz 2 BGB i. V. m. 105 Abs. 3 HGB berechnet.

Ebenso wie bei der GbR können die Gesellschafter vereinbaren, dass der oder die Erben die Gesellschafterstellung übernehmen und fortsetzen. Nach § 139 HGB steht dann jedem Erben das Recht zu, innerhalb von drei Monaten nach Kenntnis vom Anfall der Erbschaft die Stellung eines Kommanditisten zu verlangen, wodurch die Gesellschaft in eine KG übergänge. Die übrigen Gesellschafter können den darauf gerichteten Antrag des Erben jedoch ablehnen mit der Folge, dass der Erbe nach seiner Wahl als voll haftender Gesellschafter in der OHG verbleiben oder fristlos und

u. U. abfindungsberechtigt aus der Gesellschaft ausscheiden kann.

Abfindung

Der ausscheidende Gesellschafter hat einen Anspruch auf eine Abfindung, der nach §§ 738 BGB, 155 HGB durch eine Abschichtungsbilanz auf den Tag des Ausscheidens berechnet wird. In der Bilanz sind alle Güter mit ihrem wirklichen Wert anzusetzen und stille Reserven aufzulösen. Außerdem sind auch unkörperliche Vermögenswerte, etwa Organisation, Kundenstamm, Geschäftsgeheimnisse etc., als sogenannter Geschäftswert oder Goodwill zu bewerten und aufzunehmen. Wie bei der GbR ist auch bei der OHG anstelle dieser Regelungen eine Ertragswertermittlung möglich.

> Da die Rechtsprechung uneinheitlich ist, sollte die Berechnung der Abfindung detailliert geregelt werden.

Beendigung der OHG

Die Beendigung der OHG wird ebenso wie bei der GbR durch Auflösung eingeleitet und durch Vollbeendigung abgeschlossen. Die gesetzlichen Auflösungsgründe sind in § 131 HGB aufgezählt. Daneben können im Gesellschaftsvertrag weitere Auflösungsgründe vereinbart werden. Nach der Auflösung ändert sich der Gesellschaftszweck der OHG, der fortan auf die Abwicklung gerichtet ist.

Die Auflösung ist nach § 143 HGB zur Eintragung im Handelsregister anzumelden. Die Liquidation ist in §§ 145 ff. HGB geregelt. Mit der Schlussverteilung endet die Liquidation und hinsichtlich der OHG tritt die Vollbeendigung ein. Das heißt, die OHG erlischt als Rechtsträger.

Für nicht bereinigte Gesellschaftsverbindlichkeiten haften die ehemaligen Gesellschafter fort. Die Ansprüche der früheren Gesellschaftsgläubiger verjähren nach § 159 HGB fünf Jahre nach der Registereintragung der Auflösung.

Auf den Punkt gebracht

- Die OHG ist eine Personengesellschaft, die für ein kaufmännisches Unternehmen oder die Vermögensverwaltung betrieben wird.
- Die OHG ist auch Handelsgesellschaft. Auf alle Aktivitäten findet neben dem BGB auch das HGB Anwendung.
- Die OHG wird im Handelsregister eingetragen.
- Geregelt ist sie in den §§ 105 bis 160 HGB.

Die KG

Die Kommanditgesellschaft (KG) ist nach § 161 HGB eine Handelsgesellschaft, bei der im Gegensatz zur OHG bei einem oder einigen der Gesellschafter (Kommanditisten) die Haftung gegenüber den Gesellschaftsgläubigern auf den Betrag einer bestimmten Einlage beschränkt ist, während die übrigen Gesellschafter (Komplementäre) persönlich unbeschränkt haften.

Auf die KG finden die Regelungen der §§ 161–177a HGB Anwendung, die vornehmlich die besondere Rechtsstellung der Kommanditisten regeln. Im Übrigen finden nach § 161 Abs. 2 HGB die Vorschriften über die OHG Anwendung.

Der Name der Gesellschaft muss nach § 19 Abs. 1 Nr. 3 HGB den Rechtsformzusatz „Kommanditgesellschaft" oder „KG" enthalten. Ist oder sind persönlich haftende Gesellschafter ausschließlich eine oder mehrere Kapitalgesellschaften, muss auch deren Rechtsform, beispielsweise „GmbH & Co. KG" in den Namen aufgenommen werden.

Nach § 177a HGB müssen in Geschäftsbriefen jeder Art folgende Angaben gemacht werden:

- Rechtsform der Gesellschaft
- Sitz der Gesellschaft
- Registergericht und Registernummer

Als Geschäftsbriefe gelten alle Formen der schriftlichen Korrespondenz, also auch E-Mails.

Gründung der KG

Für die Gründung der KG ist wie bei der OHG grundsätzlich kein besonderes Verfahren erforderlich. Die Gründung erfolgt auch hier durch Abschluss des Gesellschaftsvertrags. Ausnahme ist die nicht kaufmännische KG, die erst mit Eintragung im Handelsregister entsteht.

Bei der KG muss der Gesellschaftsvertrag folgenden Mindestinhalt haben:

- Person der (des) persönlich haftenden Gesellschafter(s)
- Person der (des) Kommanditisten
- Pflichteinlage der (des) Kommanditisten
- Gesellschaftszweck

Der Gesellschaftsvertrag kann formfrei geschlossen werden. Die Schriftform ist gleichwohl dringend angeraten.

> Im Hinblick auf § 176 Abs. 1 HGB, wonach Kommanditisten bei Aufnahme der Geschäfte vor Eintragung hierfür in voller Höhe haften, empfiehlt sich außerdem die Regelung, dass deren Beitritt erst mit Eintragung im Handelsregister wirksam wird.

Die Gesellschafter der KG sind verpflichtet, Folgendes zum Handelsregister anzumelden:

- Name der Gesellschaft (= Firma)
- Sitz
- Geschäftsanschrift

Gründung der KG

- Unternehmensgegenstand
- persönlich haftende Gesellschafter (jeweils Name, Geburtsdatum, Wohnort)
- Kommanditisten (jeweils Name, Geburtsdatum, Wohnort)
- Hafteinlage der Kommanditisten
- Vertretungsbefugnis der persönlich haftenden Gesellschafter

Die Anmeldung muss von allen Gesellschaftern unterzeichnet werden. Die Unterschriften müssen notariell beglaubigt werden. Im Unterschied zu einer Beurkundung wird durch die Beglaubigung nur die Zeichnung durch die Gesellschafter bescheinigt. Die Anmeldung wird sodann vom Notar elektronisch zum Handelsregister eingereicht. Weitere Unterlagen müssen nicht eingereicht werden.

Für die Anmeldung der KG beim Handelsregister fallen schätzungsweise folgende Kosten an:

- Gerichtskosten: bei Erstanmeldung und bis zu drei Gesellschaftern 100 Euro, für jeden weiteren Gesellschafter 40 Euro.
- Die Notarkosten richten sich nach den Kommanditeinlagen. Bei Kommanditeinlagen von bspw. 10.000 Euro betragen sie bei Erstanmeldung mit einem Komplementär ca. 175 Euro, für jeden weiteren Komplementär ca. 20 Euro.

Komplementäre und Kommanditisten

Die unbeschränkt haftenden Gesellschafter (Komplementäre) der KG haben die gleiche Rechtsstellung wie die Gesellschafter einer OHG. Die beschränkt haftenden Gesellschafter (Kommanditisten) sind dagegen rein kapitalistisch an der KG beteiligt.

Voraussetzung für das Vorliegen einer KG ist nach § 161 Abs. 1 das Vorhandensein von jeweils mindestens einem Kommanditisten und einem Komplementär. Eine Gesellschaft nur aus Komplementären wäre eine OHG. Eine Gesellschaft nur aus Kommanditisten ist nicht möglich.

Im Handelsregister sind nach § 162 Abs. 1 HGB auch die Kommanditisten zu bezeichnen und für jeden Kommanditisten ist der Betrag der auf ihn entfallenden Einlage anzugeben. Ist eine GbR Kommanditistin, müssen nach § 162 Abs. 1 Satz 2 HGB auch deren Gesellschafter angemeldet werden.

Rechte und Pflichten der Kommanditisten

Einlage

Die Haftung jedes Kommanditisten wird durch seine Vermögenseinlage nach § 161 Abs. 1 HGB beschränkt. Art und Höhe der Pflichteinlage werden durch den Gesellschaftsvertrag bestimmt. Daneben ist der Betrag der Hafteinlage jedes Kommanditisten nach § 162 HGB zur Eintragung im Handelsregister anzumelden.

Die im Gesellschaftsvertrag bestimmte Pflichteinlage im Innenverhältnis und der im Außenverhältnis dokumentierte Betrag der Hafteinlage müssen nicht übereinstimmen.

Nach § 161 Abs. 1 HGB beschränkt sich die Haftung der Kommanditisten auf eine Vermögenseinlage, wohingegen im Innenverhältnis etwa auch eine Sacheinlage vereinbart werden kann. Im Außenverhältnis werden Hafteinlage und Haftung allein durch den Geldbetrag bestimmt, der zum Handelsregister anzumelden ist.

Geschäftsführung

Im Innenverhältnis sind die Kommanditisten nach § 164 Abs. 1 Satz 1 HGB von der Geschäftsführung ausgeschlossen. Zudem steht ihnen für den gewöhnlichen Geschäftsbetrieb auch kein Widerspruchsrecht zu. Für Geschäftsführungsmaßnahmen, die über den gewöhnlichen Geschäftsbetrieb hinausgehen, ist hingegen nach § 116 Abs. 2 HGB die Zustimmung der Kommanditisten erforderlich.

> Durch den Gesellschaftsvertrag kann hiervon abgewichen werden, insbesondere kann das Zustimmungsrecht auch für ungewöhnliche Geschäfte ausgeschlossen werden. Die Stellung der Kommanditisten kann auch gestärkt werden; insbesondere kann ihnen die Geschäftsführung ganz oder teilweise übertragen werden. Im Innenverhältnis sind die Gesellschafter daher frei, die Leitung der Gesellschaft insgesamt in die Hände der Kommanditisten zu legen.

Informationsrecht

Nach § 166 HGB ist jeder Kommanditist berechtigt, eine Abschrift des Jahresabschlusses zu verlangen und dessen Richtigkeit unter Einsicht der Bücher und Papiere zu prüfen. Bei Vorliegen eines wichtigen Grundes erweitert § 166 Abs. 3 HGB das Informationsrecht des Kommanditisten auch auf Auskünfte über die Geschäftsführung des Komplementärs allgemein und die damit im Zusammenhang stehenden Unterlagen der Gesellschaft.

Wettbewerbsverbot

Die Kommanditisten unterliegen nach § 165 HGB keinem Wettbewerbsverbot.

> Allerdings können sich im Einzelfall, etwa bei einem tätigen Kommanditisten, der maßgeblichen Einfluss auf die Geschäftsführung hat, aus der allgemeinen Treuepflicht auch ohne vertragliche Regelung Schranken einer schädigenden Wettbewerbstätigkeit ergeben.

Kapitalanteil, Gewinn und Verlust, Entnahme

Nach § 167 Abs. 1 HGB berechnen sich Gewinn und Verlust des Kommanditisten nach seinem Kapitalanteil. Zur Erinnerung: Die Kapitalanteile zeigen das Verhältnis der Beteiligung der verschiedenen Gesellschafter an. Sie sind entsprechend § 120 HGB für Komplementäre und Kommanditisten nach den gleichen Grundsätzen zu berechnen. Allerdings werden nach § 167 Abs. 2 HGB dem Kapitalanteil des Kommanditisten Gewinne nur in der Höhe gutgeschrieben, in der seine (Pflicht-)Einlage noch aussteht. Hat der Kommanditist seine Einlage geleistet und ist diese nicht durch Verluste oder Entnahmen gemindert, kann sich sein Kapitalanteil nicht weiter erhöhen.

> Unabhängig vom Betrag der auf ihn entfallenden Verluste nimmt der Kommanditist nach § 167 Abs. 3 HGB daran nur bis zum Betrag seines Kapitalanteils und seiner noch rückständigen Einlage teil. Das heißt, er muss bei seinem Ausscheiden oder bei Auflösung der Gesellschaft nie mehr als den Betrag seiner ggf. rückständigen Einlage leisten.

Dem Kommanditisten steht nach § 169 Abs. 1 Satz 1 HGB kein Entnahmerecht zu.

Vertretung

Nach § 170 HGB ist der Kommanditist nicht zur Vertretung der Gesellschaft ermächtigt. Eine Vertretungsbefugnis kann ihm nur rechtsgeschäftlich durch Vollmacht oder Prokura eingeräumt werden.

Haftung

Nach § 171 Abs. 1 HGB haften Kommanditisten den Gläubigern der Gesellschaft bis zur Höhe ihrer Einlage. Diese berechnet sich allein nach dem ins Handelsregister eingetragenen Betrag. In der Höhe, in der die Einlage (noch) nicht geleistet ist, haften Kommanditisten für Gesellschaftsschulden mit ihrem Privatvermögen.

Eine Ausnahme gilt nach § 171 Abs. 2 HGB im Insolvenzverfahren. Nach Eröffnung eines Insolvenzverfahrens über das Vermögen der KG können die Kommanditisten ausschließlich durch den Insolvenzverwalter oder den Sachwalter in Anspruch genommen werden.

Ist die Einlage hingegen geleistet, ist die persönliche Haftung der Kommanditisten nach § 171 Abs. 1 HGB ausgeschlossen. Die teilweise Leistung der Einlageschuld schließt die Haftung in dieser Höhe aus.

Die Leistung der Einlage erfolgt durch das Bewirken der im Gesellschaftsvertrag übernommenen Pflicht. Das kann Zahlung sein, aber auch eine Sachleistung, wobei deren Wert objektiv dem im Handelsregister eingetragenen Betrag der Einlage entsprechen muss. Ferner kommen als Einlageleistung die Aufrechnung mit einer Forderung gegen die KG, das Stehenlassen des Gewinns oder auch die Zahlung an einen Gesellschaftsgläubiger in Betracht.

> Wird die Einlage zwar geleistet, aber später ganz oder teilweise wieder zurückgezahlt, so lebt in dieser Höhe auch die Haftung des Kommanditisten nach § 172 Abs. 4 Satz 1 HGB wieder auf.

Nach § 176 Abs. 1 HGB haften auch die Kommanditisten gleich einem persönlichen haftenden Gesellschafter, wenn die KG nach Gründung mit Zustimmung der Kommanditisten ihre Geschäfte begonnen hat, bevor sie ins Handelsregister eingetragen ist. Nach § 176 Abs. 2 HGB gilt die unbeschränkte Haftung der Kommanditisten auch bei Eintritt in eine bestehende KG für die bis zur Eintragung im Handelsregister begründeten Verbindlichkeiten.

> Es empfiehlt sich, den Eintritt in eine bestehende oder zu gründende KG aufschiebend bedingt auf den Zeitpunkt der Eintragung im Handelsregister zu erklären.

Wechsel der Kommanditisten

Die Übertragung der Kommanditbeteiligung ist mit Zustimmung aller Gesellschafter der KG durch ein Übertragungsgeschäft möglich. Um die Haftungsbefreiung einer bereits geleisteten Einlage zu gewährleisten, ist hinsichtlich des übertragenen Kommanditanteils ein Nachfolgevermerk zum Handelsregister anzumelden und einzutragen.

Der Tod eines Kommanditisten hat nach § 177 HGB nicht die Auflösung der KG zur Folge, vielmehr wird die Gesellschaft mit den Erben fortgesetzt. Sind mehrere Erben vorhanden, tritt eine Sonderrechtsnachfolge ein und jeder Erbe wird im Verhältnis seines Erbteils Kommanditist.

Auf den Punkt gebracht

- Die KG ist eine Gesellschaft mit zwei Gesellschaftergruppen: voll haftenden Komplementären und teilhaftenden Kommanditisten.
- Sie ist eine Personengesellschaft, die für ein kaufmännisches Unternehmen oder die Vermögensverwaltung betrieben wird.
- Sie ist auch eine Handelsgesellschaft. Auf alle Aktivitäten findet neben dem BGB auch das HGB Anwendung.
- Die KG wird im Handelsregister eingetragen.
- Geregelt ist sie in den §§ 161–177a HGB.

Die Partnerschaft

Die Partnerschaft ist eine Personengesellschaft, in der sich natürliche Personen zur Ausübung freier Berufe zusammenschließen.

Freie Berufe sind nach dem nicht abschließenden Katalog des § 1 Abs. 2 Satz 2 PartGG in selbstständiger Tätigkeit:

Ärzte	Zahnärzte	Tierärzte
Heilpraktiker	Krankengymnasten	Hebammen
Heilmasseure	Diplom-Psychologen	Rechtsanwälte
Patentanwälte	Wirtschaftsprüfer	Steuerberater
Volks- und Betriebswirte	Vereidigte Buchprüfer und revisoren	Steuerbevollmächtigte
Ingenieure	Architekten	Handelschemiker
Lotsen	Hauptberufliche Sachverständige	Journalisten
Bildberichterstatter	Dolmetscher	Übersetzer
Wissenschaftler	Künstler	Schriftsteller
Lehrer	Erzieher	

Die Partnerschaft ist im PartGG geregelt. Daneben kommen subsidiär im Allgemeinen nach § 1 Abs. 4 PartGG die Regelungen über die GbR sowie nach §§ 6, 7, 8, 9, 10 PartGG im Besonderen zahlreiche Bestimmungen über die OHG zur Anwendung.

Der Name der Partnerschaft muss nach § 2 Abs. 1 PartGG den Namen zumindest eines Partners sowie den Rechtsformzusatz „und Partner" oder aber „Partnerschaftsgesellschaft" enthalten. Daneben muss der Name der Gesellschaft alle in der Partnerschaft betriebenen Berufe aufführen.

Nach §§ 7 Abs. 5 PartGG, 125a HGB müssen in Geschäftsbriefen jeder Art folgende Angaben gemacht werden:

- Rechtsform der Gesellschaft
- Sitz der Partnerschaft
- Registergericht und Registernummer

Als Geschäftsbriefe gelten alle Formen der schriftlichen Korrespondenz, also auch E-Mails.

Gründung der Partnerschaft

Für die Errichtung der Partnerschaft ist die Eintragung im Partnerschaftsregister erforderlich. Zur Gründung müssen die Partner zunächst einen Gesellschaftsvertrag mit folgendem Mindestinhalt abschließen:

- Name der Partnerschaft
- Sitz der Partnerschaft
- Partner jeweils mit Name, Vorname und Wohnort
- in der Partnerschaft ausgeübter Beruf jedes Partners
- Gegenstand der Partnerschaft

Der Gesellschaftsvertrag muss in Schriftform geschlossen werden. Die Partner sind sodann verpflichtet, Folgendes zum Partnerschaftsregister anzumelden:

- Name der Partnerschaft

Gründung der Partnerschaft

- Sitz der Partnerschaft
- Geschäftsanschrift der Partnerschaft
- Gegenstand der Partnerschaft
- Partner (Name, Geburtsdatum, Wohnort)
- Vertretungsbefugnis der Partner
- in der Partnerschaft ausgeübter Beruf jedes Partners
- Bezeichnung und Anschrift etwaiger Berufskammern

Außerdem müssen die Partner in der Anmeldung erklären, dass

- jeder Partner die berufsrechtlichen Voraussetzungen zur Ausübung des freien Berufs erfüllt und
- die Zusammenarbeit der Partner berufsrechtlich möglich ist.

Die Anmeldung muss von allen Partnern unterzeichnet, die Unterschriften müssen notariell beglaubigt werden. Die Anmeldung wird sodann vom Notar elektronisch zum Partnerschaftsregister eingereicht. Dabei sind, so vorhanden, folgende Unterlagen einzureichen:

- Auszug der Registrierung bei der Berufskammer
- Urkunden über die Zulassung zur Berufsausübung

Für die Anmeldung der Partnerschaft beim Partnerschaftsregister fallen schätzungsweise folgende Kosten an:

- Gerichtskosten: bei Erstanmeldung von bis zu drei Partnern: 100 Euro, für jeden weiteren Partner 40 Euro

- Notarkosten: bei Erstanmeldung von bis zu zwei Partnern ca. 160 Euro, für jeden weiteren Partner ca. 20 Euro

Innenverhältnis

Im Innenverhältnis besteht weitgehend Vertragsfreiheit. Nach § 6 Abs. 1 PartGG sind die Partner jedoch ausdrücklich verpflichtet, ihre beruflichen Leistungen im Rahmen des jeweils geltenden Berufsrechts zu erbringen. Zudem können die Partner nach § 6 Abs. 2 PartGG nicht von der Berufsausübung, sondern nur von der Führung der sonstigen Geschäfte ausgeschlossen werden.

Außenverhältnis, Haftung

Grundsätzlich haften alle Partner für die Gesellschaftsverbindlichkeiten als Gesamtschuldner nach § 8 Abs. 1 PartGG. Nach § 8 Abs. 3 PartGG kann für die Partner und die Partnerschaft selbst durch Gesetz eine Haftungsbeschränkung im Rahmen der Höchstbeträge einer Berufshaftpflichtversicherung für einzelne Berufe vorgesehen werden. Nach § 8 Abs. 2 PartGG haften neben dem Gesellschaftsvermögen zudem die Partner nur für berufliche Fehler aus Aufträgen, die sie alleine durchgeführt haben.

> Die übrigen Partner können mit ihrem Privatvermögen nicht von Gläubigern in Anspruch genommen werden, wenn sie an dem konkreten Auftrag keinen oder nur einen untergeordneten Anteil hatten.

Wechsel der Partner

Verliert ein Partner die Zulassung zu dem in der Partnerschaft ausgeübten freien Beruf, führt dies nach § 9 Abs. 3 PartGG zu seinem Ausscheiden aus der Partnerschaft.

Vererbt werden kann die Beteiligung eines Partners nach § 9 Abs. 4 PartGG nur, wenn dies im Partnerschaftsvertrag vorgesehen ist und der Erbe seinerseits die persönlichen Voraussetzungen erfüllt, um Partner sein zu können.

Beendigung der Partnerschaft

Die Beendigung der Partnerschaft erfolgt nach § 10 PartGG entsprechend den Regelungen der OHG.

> **Auf den Punkt gebracht**
> - Die Partnerschaftsgesellschaft ist eine Personengesellschaft, die für die Ausübung freier Berufe betrieben wird.
> - Für berufliche Fehler haften nur die Partner, die mit dem schadensträchtigen Auftrag befasst waren.
> - Die Partnerschaftsgesellschaft wird im Partnerschaftsregister eingetragen.
> - Rechtsgrundlage ist das PartGG.

Die GmbH

Die GmbH (Gesellschaft mit beschränkter Haftung) ist eine Kapitalgesellschaft. Sie ist außerdem Handelsgesellschaft und wird im Handelsregister eingetragen, §§ 13 Abs. 3 GmbHG, 6 HGB. Das bedeutet, dass die Geschäfte der GmbH dem Handelsrecht unterliegen und sie außerdem zur Buchführung nach §§ 264 ff. HGB verpflichtet ist.

Der Name der Gesellschaft muss nach § 4 GmbHG den Rechtsformzusatz „Gesellschaft mit beschränkter Haftung" oder „GmbH" enthalten.

Nach § 35a GmbHG müssen auf Geschäftsbriefen jeder Art mindestens folgende Angaben stehen:

- Rechtsform der Gesellschaft
- Sitz der GmbH
- Registergericht und Registernummer
- alle Geschäftsführer der GmbH
- wenn vorhanden, der Vorsitzende des Aufsichtsrats

Angaben zum Kapital der Gesellschaft müssen nicht aufgenommen werden. Wenn gleichwohl Angaben gemacht werden, müssen das Stammkapital und die ausstehenden Einlagen beziffert werden.

Als Geschäftsbriefe gelten alle Formen der schriftlichen Korrespondenz, also auch E-Mails.

Gründung

Gesellschaftsvertrag

Für die Errichtung der GmbH ist die Eintragung im Handelsregister erforderlich. Zur Gründung müssen die Gesellschafter zunächst einen Gesellschaftsvertrag mit folgenden Mindestinhalten abschließen:

- Gesellschafter
- Name (Firma) der Gesellschaft
- Sitz der Gesellschaft
- Gegenstand des Unternehmens der Gesellschaft
- Dauer der Gesellschaft
- Höhe des Stammkapitals
- Zahl und Nennbeträge der Geschäftsanteile, die jeder Gesellschafter übernimmt
- etwaige sonstige Verpflichtungen der Gesellschafter

Der Gesellschaftsvertrag muss vom Notar beurkundet werden. Der Notar fungiert dabei auch als überparteilicher Ratgeber, der die Gesellschafter bei der Beurkundung über die übernommenen Rechte und Pflichten detailliert belehren muss. Die Gesellschafter können sich bei Abschluss oder Änderung des Vertrags auch durch andere Personen vertreten lassen. Die hierzu erteilte Vollmacht muss aber nach § 2 Abs. 2 GmbHG notariell errichtet oder beglaubigt sein.

Nach § 2 Abs. 1a GmbHG kann die Errichtung der GmbH bei bis zu drei Gesellschaftern auch in einem vereinfachten

Verfahren mit einem Mustervertrag erfolgen. Dadurch soll die Gründung schneller und billiger erfolgen. Allerdings ergeben sich hinsichtlich der Notarkosten bei der GmbH keine erheblichen Einsparungen. Der Mustervertrag ist als Anlage im GmbHG enthalten und bietet den Gesellschaftern nur geringe Einflussmöglichkeiten auf die Ausgestaltung der GmbH.

Ein Mustervertrag kommt nur in Betracht, wenn folgende Voraussetzungen erfüllt sind:

- höchstens drei Gesellschafter
- nur ein Geschäftsführer
- nur bei Bareinlagen
- Für jeden Geschäftsanteil muss mindestens 50 % der Stammeinlage eingezahlt werden.

Die Gesellschaft kann die Gründungskosten nur in Höhe von 300 Euro tragen. Kostet die Gründung mehr, müssen die Gesellschafter zahlen.

Bestellung der Geschäftsführer

Damit die Gesellschaft handlungsfähig ist, benötigt sie bereits im Gründungsstadium einen Geschäftsführer. Soweit die Gesellschafter den Geschäftsführer nicht im Gesellschaftsvertrag benannt haben, müssen sie ihn durch Gesellschafterbeschluss bestellen. Da der Bestellungsbeschluss zum Handelsregister eingereicht wird, muss er schriftlich gefasst werden.

Leistung der Stammeinlage

Bei der Gründung sind die Gesellschafter verpflichtet, die von ihnen übernommene Stammeinlage mindestens in Höhe eines Viertels einzuzahlen. Unabhängig vom konkret vereinbarten Stammkapital müssen die Gesellschafter insgesamt mindestens 12.500 Euro einzahlen.

Etwaige Sacheinlagen müssen vollständig eingebracht werden. Erforderlich sind dann auch ein Sachgründungsbericht sowie Unterlagen, aus denen sich die Werthaltigkeit der eingelegten Sache ergibt.

> Alle Einlagen müssen dauerhaft zur freien Verfügung der Geschäftsführer stehen.

Anmeldung zum Handelsregister

Die Geschäftsführer sind sodann verpflichtet, Folgendes zum Handelsregister anzumelden:

- Gründung der Gesellschaft
- Sitz, Geschäftsanschrift, Stammkapital
- Geschäftsführer und deren Vertretungsbefugnis

Die Anmeldung muss von den Geschäftsführern unterzeichnet werden. Deren Unterschriften müssen notariell beglaubigt werden. Die Anmeldung wird sodann vom Notar elektronisch zum Handelsregister eingereicht.

Dabei sind, so vorhanden, folgende Unterlagen einzureichen:

- notariell beurkundeter Gesellschaftsvertrag oder bei vereinfachter Gründung das notariell beurkundete Gründungsprotokoll
- notariell beglaubigte Vollmachten etwaiger Vertreter
- ggf. Beschluss über die Bestellung des Geschäftsführers
- Liste der Gesellschafter
- Versicherungen des Geschäftsführers zu seiner Person und zur Einlageleistung durch die Gesellschafter
- Nachweis der erbrachten Einlage

Für die Gründung und Anmeldung der GmbH beim Handelsregister fallen schätzungsweise folgende Kosten an:

- Gerichtskosten: bei Bargründung 150 Euro, bei Sachgründung 240 Euro
- Notarkosten: bei Bargründung ca. 815 Euro, bei Sachgründung ca. 950 Euro

Änderungen des Gesellschaftsvertrags

Spätere Änderungen des Gesellschaftsvertrags können durch Gesellschafterbeschluss erfolgen. Dieser bedarf nach § 53 Abs. 2 GmbHG einer Mehrheit von drei Vierteln der abgegebenen Stimmen. Soweit durch die Änderung einzelnen Gesellschaftern erhöhte Leistungen auferlegt werden sollen, ist deren Zustimmung erforderlich. Außerdem muss der Änderungsbeschluss notariell beurkundet werden. Nach § 54 GmbHG muss die Änderung des Gesellschaftsvertrags auch ins Handelsregister eingetragen werden. Bei Nichteintragung bleibt sie wirkungslos.

> **Sperrminorität**
>
> Gesellschafter, deren Geschäftsanteile mehr als 25 % des Stammkapitals entsprechen, können satzungsändernde Beschlüsse verhindern.

Rechte und Pflichten der Gesellschafter

Gewinnrecht

Das Gewinnrecht ist das zentrale Vermögensrecht der Gesellschafter. Davon zu unterscheiden ist der konkrete Anspruch auf Auszahlung des Gewinns für ein Geschäftsjahr, der erst durch einen entsprechenden Ergebnisverwendungsbeschluss ausgelöst wird.

Die Gesellschafterversammlung beschließt nach § 46 Nr. 1 GmbHG in zwei Schritten über Gewinne und Verluste.

- Im ersten Schritt erfolgt die Feststellung des Jahresabschlusses, aus dem sich Gewinn oder Verlust für das abgeschlossene Geschäftsjahr ergeben.

- Im zweiten Schritt wird der Ergebnisverwendungsbeschluss gefasst. Hat die Gesellschaft Gewinne gemacht, kann beschlossen werden, dass diese ganz oder teilweise ausgeschüttet oder aber in eine Rücklage eingestellt werden.

Beide Beschlüsse kommen nach § 47 Abs. 1 GmbHG grundsätzlich mit einfacher Mehrheit zustande. Der Gewinnanspruch hängt daher von einem entsprechenden mehrheitlich gefassten Ergebnisverwendungsbeschluss ab.

> Die Mehrheit trifft dabei grundsätzlich eine Treuepflicht, das Gewinnrecht der Minderheit nicht durch übermäßige Reservenbildung zu vereiteln. Um Streit über die Gewinnverwendung zu vermeiden, empfiehlt es sich, die Reservenbildung im Gesellschaftsvertrag zu regeln.

Entnahme

Die Gesellschafter sind nach dem Gesetz zu Entnahmen nicht berechtigt. Allerdings können Entnahmen, seien es Geldzahlungen oder sonstige vermögenswerte Rechte, im Gesellschaftsvertrag vereinbart und geregelt werden. Beispielsweise kann bestimmt werden, dass die Gesellschafter eine feste monatliche Vorabausschüttung auf den zu erwartenden Gewinnanspruch erhalten oder Entnahmen flexibel durch gesonderten Beschluss gewährt werden.

> Unabhängig von einem vereinbarten Entnahmerecht darf nach § 30 GmbHG das zur Erhaltung des Stammkapitals erforderliche Vermögen nicht ausgezahlt werden.

Tätigen die Gesellschafter Entnahmen ohne eine entsprechende Vertragsregelung oder einen Beschluss, handelt es sich um eine verdeckte Gewinnausschüttung. Das kann bereits der Fall sein, wenn die Gesellschaft mit einem Gesellschafter ein Geschäft abschließt, durch das er Vermögensvorteile erlangt, die ein Dritter nicht erlangen würde.

> Bei einer verdeckten Gewinnausschüttung muss der Gesellschafter den Vermögensvorteil versteuern, ohne dass die Gesellschaft den Aufwand als Betriebsausgabe absetzen kann. Deshalb sollte man bei allen Gesellschaftergeschäften einen Drittvergleich machen und gegebenenfalls vor der Vornahme einen entsprechenden Beschluss über das Geschäft fassen.

Stimmrecht

Das Stimmrecht ist ein Verwaltungsrecht zur gemeinsamen Willensbildung der Gesellschaft. Nach dem Gesetz stehen jedem Gesellschafter Stimmrechte zu, die sich nach seiner Stammeinlage bemessen. Nach § 47 Abs. 2 GmbHG gewährt jeder Euro des Nennbetrags eine Stimme.

Im Gesellschaftsvertrag können die Stimmrechte abweichend geregelt werden. Es ist zulässig, einem Gesellschafter mehr oder weniger Stimmen einzuräumen oder das Stimmrecht für einen Geschäftsanteil ganz auszuschließen.

Das Stimmrecht eines Gesellschafters kann aber auch ausgeschlossen sein, wenn er von einem konkreten Beschlussgegenstand so betroffen ist, dass er Richter in eigener Sache wäre. Nach § 47 Abs. 4 GmbHG ist dies der Fall, wenn über die Entlastung des Gesellschafters als Geschäftsführer, die Befreiung von einer Verbindlichkeit, die Vornahme eines

Rechtsgeschäfts oder einen Rechtsstreit mit dem betroffenen Gesellschafter beschlossen werden soll. Unabhängig vom Wortlaut findet der Stimmrechtsausschluss keine Anwendung, soweit bei der Abstimmung kein Interessenkonflikt besteht, etwa weil keine privaten Belange des Gesellschafters berührt sind.

Stimmrechtsausschluss

Beispielsweise kann ein Gesellschafter nicht mitstimmen, wenn er ein Grundstück der Gesellschaft privat erwerben will. Andererseits ist sein Stimmrecht nicht ausgeschlossen, wenn es um seine Bestellung zum Geschäftsführer oder um seine ordentliche Abberufung geht.

Auskunfts- und Einsichtsrecht

Den Gesellschaftern der GmbH steht ein sehr umfassendes Auskunfts- und Einsichtsrecht zu. Nach § 51a GmbHG haben die Geschäftsführer jedem Gesellschafter auf Verlangen unverzüglich Auskunft über die Angelegenheiten der Gesellschaft zu geben und Einsicht in alle Bücher und Schriften zu gestatten.

Dieses Informationsrecht kann auch durch den Gesellschaftsvertrag nicht aufgehoben oder eingeschränkt werden. Die Geschäftsführer dürfen die Auskunft auf Anfragen oder die Einsicht in die Bücher und Schriften nach § 51a Abs. 2 GmbHG nur verweigern, wenn die Information vom Gesellschafter zu gesellschaftsfremden Zwecken verwendet wird und der Gesellschaft hierdurch ein nicht unerheblicher Schaden droht. Die Informationsverweigerung bedarf außerdem eines Gesellschafterbeschlusses.

Einlage- und Nachschusspflicht

Die meist wichtigste Pflicht der Gesellschafter ist die Leistung der im Gesellschaftsvertrag übernommenen Stammeinlage.

Soweit diese geleistet ist, ist der Gesellschafter auch bei späteren Verlusten nicht zu Nachschüssen verpflichtet. Eine Pflicht zur Leistung von Nachschüssen kann und muss nach § 26 GmbHG durch den Gesellschaftsvertrag vereinbart werden. Soweit dies nachträglich durch eine Vertragsänderung erfolgen soll, ist nach § 53 Abs. 3 GmbHG die Zustimmung der betroffenen Gesellschafter erforderlich.

Nach §§ 27, 28 GmbHG können im Gesellschaftsvertrag der Höhe nach beschränkte oder sogar unbeschränkte Nachschusspflichten vereinbart werden. In letzterem Fall kann der betroffene Gesellschafter aber, statt den Nachschuss zu leisten, aus der Gesellschaft ausscheiden.

Treuepflicht

Die Gesellschafter sind gegenüber ihren Mitgesellschaftern und der GmbH zur Treue verpflichtet. Die Treuepflichten konkretisieren sich je nach Ausprägung der GmbH und den berührten Interessen.

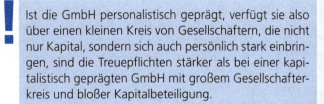

Ist die GmbH personalistisch geprägt, verfügt sie also über einen kleinen Kreis von Gesellschaftern, die nicht nur Kapital, sondern sich auch persönlich stark einbringen, sind die Treuepflichten stärker als bei einer kapitalistisch geprägten GmbH mit großem Gesellschafterkreis und bloßer Kapitalbeteiligung.

Bei der Einpersonen-GmbH ist die Treuepflicht stark eingeschränkt, wenn nicht ganz aufgehoben. Hier entspricht das Interesse des alleinigen Gesellschafters grundsätzlich dem Interesse der Gesellschaft. Ein Eigeninteresse kann der GmbH nur zukommen, wenn Gläubigerschutzinteressen berührt sind. Diese werden bereits durch die Regeln zur Kapitalaufbringung und -erhaltung sowie das allgemeine Insolvenzrecht geschützt. Mit Ausnahme von Missbrauchsfällen treffen den alleinigen Gesellschafter auch aus der Treuepflicht keine weiteren Pflichten.

Sonderrechte und -pflichten

Neben den gesetzlichen Rechten und Pflichten können im Gesellschaftsvertrag für einige oder alle Gesellschafter Sonderrechte und -pflichten begründet werden, beispielsweise das Recht oder die Pflicht zur Geschäftsführung, Mehrstimmrechte, Vetorechte oder Wettbewerbsverbote.

Die Gesellschafterversammlung

Die Gesellschafterversammlung ist nach dem Gesetz das oberste Organ der Willensbildung bei der GmbH und kann durch Beschlüsse außerdem sämtliche Maßnahmen zur Umsetzung treffen, insbesondere die Geschäftsführer zu konkreten Handlungen anweisen.

Die gesetzlich vorgesehenen Kompetenzen der Gesellschafterversammlung sind u. a. in § 46 GmbHG geregelt und umfassen insbesondere:

- laufende Geschäftsführung (§ 37 Abs. 1 GmbHG)

- Feststellung des Jahresabschlusses und Ergebnisverwendung
- Bestellung und Abberufung der Geschäftsführer
- Prüfung und Überwachung der Geschäftsführung
- Bestellung von Prokuristen und Handlungsbevollmächtigten
- Einziehung von Geschäftsanteilen
- Geltendmachung von Ersatzansprüchen gegen Gesellschafter und Geschäftsführer

Einberufung

Die Gesellschafterversammlung wird nach §49 Abs.1 GmbHG durch die Geschäftsführer einberufen. Die Einberufung erfolgt nach §51 GmbHG durch vom Geschäftsführer unterschriebene Einladungsschreiben unter Angabe einer Tagesordnung. Den Gesellschaftern steht ab einer Beteiligung von 10% nach §50 GmbHG auch das Minderheitsrecht zu, die Einberufung einer Gesellschafterversammlung zu verlangen. Die Ladungsschreiben müssen als Übergabe- oder Einwurf-Einschreiben zur Post aufgegeben werden.

Ladungsfrist

Die Ladungsfrist beträgt eine Woche und berechnet sich nach §§ 187 ff. BGB. Maßgeblich für den Beginn der Frist ist der Tag, an dem das Einladungsschreiben dem Empfänger zugeht. Sodann beginnt die Frist mit dem dem Zugang folgenden Tag zu laufen.

Die Gesellschafterversammlung

Was den Fristablauf angeht, streiten sich die Gelehrten. Um keine zu kurze Ladungsfrist zu riskieren, sollte man der folgenden Auslegung folgen: Läuft die Ladungsfrist an einem Wochenende oder Feiertag ab, so verschiebt sich das Fristende nach § 193 BGB auf den nächsten Werktag. Im Zweifel sollte man lieber einen Tag mehr einplanen. Die Versammlung kann erst an dem dem Fristende folgenden Tag stattfinden. Nachfolgend sind die möglichen Versammlungstermine nach Aufgabe der Ladung zur Post bei der im Inland üblichen Postlaufzeit von zwei (Post-)Werktagen dargestellt:

Aufgabe zur Post	Zugang der Ladung	Frühester Termin
Montag	Mittwoch	Donnerstag
Dienstag	Donnerstag	Freitag
Mittwoch	Freitag	Montag
Donnerstag	Samstag	Dienstag
Freitag	Montag	Dienstag
Samstag	Dienstag	Mittwoch
Sonntag	Dienstag	Mittwoch

Der Gesellschaftsvertrag kann von dieser gesetzlichen Regelung abweichen und sowohl die Form der Ladung als auch Dauer und Berechnung der Ladungsfrist abweichend regeln.

> Verweigert der Gesellschafter die Entgegennahme oder holt er das Einschreiben nach Benachrichtigung nicht ab, verstößt er gegen seine gesellschafterliche Treuepflicht und kann sich nicht auf den unterbliebenen Zugang berufen.

Beschlussfassung

Die Beschlussfassung der GmbH erfolgt nach § 48 Abs. 1 GmbHG grundsätzlich in der Gesellschafterversammlung. Dabei können Beschlüsse nur über die in der Tagesordnung angekündigten Beschlussgegenstände gefasst werden.

Mit Einverständnis aller Gesellschafter kann nach § 48 Abs. 2 GmbHG die Beschlussfassung auch ohne Gesellschafterversammlung und über alle Gegenstände auch in Textform erfolgen. Die Textform ist durch Stimmabgaben mittels Telefax oder E-Mail gewahrt.

> Jeder Euro des Nennbetrags der Geschäftsanteile gewährt dem Gesellschafter eine Stimme. Die Gesellschafter können ihr Stimmrecht, auch wenn sie mehrere Geschäftsanteile halten, nur einheitlich ausüben.

Die Beschlüsse kommen nach § 47 Abs. 1 GmbHG mit der einfachen Mehrheit der abgegebenen Stimmen zustande. Nach § 53 Abs. 2 GmbHG bedürfen überdies Beschlüsse, die den Gesellschaftsvertrag ändern, einer Mehrheit von drei Vierteln der abgegebenen Stimmen; hierzu gehören auch Kapitalmaßnahmen und Umwandlungen wie Spaltung oder Verschmelzung. Für die Mehrheit kommt es nur auf die abgegebenen Stimmen ab. Danach müssen mehr Ja- als Neinstimmen abgegeben werden. Enthaltungen werden bei der Feststellung der erforderlichen Mehrheit nicht mitgezählt. Ebenso werden Stimmen nicht mitgezählt, wenn das Stimmrecht eines Gesellschafters ruht, etwa weil er selbst betroffen ist.

Sofern Beschlüsse mangelhaft sind, etwa weil das Ergebnis falsch festgestellt wurde, muss der Beschluss grundsätzlich analog der aktienrechtlichen Regelung des § 243 Abs. 1 AktG innerhalb eines Monats durch eine Klage gegen die Gesellschaft angefochten werden. Die Klage muss beim zuständigen Landgericht durch einen Anwalt erhoben werden.

> Mit Ausnahme von ganz gravierenden Verstößen, etwa wenn ein Gesellschafter gar nicht geladen wurde, kann man sich nach Ablauf der Monatsfrist nicht mehr auf die Mangelhaftigkeit berufen. Deshalb sollte bei allen Zweifeln an der Wirksamkeit von Beschlüssen möglichst rasch anwaltlicher Rat eingeholt werden.

Das Kapital der GmbH

Nach § 13 Abs. 2 GmbHG haftet den Gläubigern der GmbH für deren Verbindlichkeiten nur das Gesellschaftsvermögen. Die gesetzlichen Regelungen zur Aufbringung und Erhaltung des Stammkapitals sind eine Schutzvorkehrung für die Gläubiger der GmbH.

Aufbringung bei Gründung

Die Aufbringung des Stammkapitals bei der Gründung erfolgt bei Bareinlagen durch Einzahlung des versprochenen Geldbetrags. Zwar können die Gesellschafter vereinbaren, dass sie bei Gründung nach § 7 Abs. 2 GmbHG nur einen Teilbetrag einzahlen. Dann besteht in Höhe des Restbetrags eine Forderung der Gesellschaft gegen den Gesellschafter, die die Gesellschaft auf Grundlage eines entsprechenden Beschlusses geltend machen kann.

Daneben können die Gesellschafter auch Sacheinlagen übernehmen. Gegenstand einer Sacheinlage können diverse Vermögensgüter sein. Dies gilt beispielsweise auch für Forderungen, nicht aber für Dienstleistungen. Um die Aufbringung des Stammkapitals zu gewährleisten, muss der Wert der Sacheinlage nach § 9 Abs. 1 GmbHG bei Anmeldung der Gesellschaft den Nennbetrag des dafür übernommenen Geschäftsanteils erreichen. Etwaige Sacheinlagen müssen vollständig eingebracht werden. Erforderlich sind dann auch ein Sachgründungsbericht sowie Unterlagen, aus denen sich die Werthaltigkeit der eingelegten Sache ergibt.

Die erbrachte Einlage muss nach § 8 Abs. 2 GmbHG der Geschäftsführung zur endgültigen freien Verwendung zur Verfügung stehen, ein Hin- und Herzahlen scheidet aus. Leistet ein Gesellschafter seine Einlage nicht, kann er durch ein Kaduzierungsverfahren nach § 21 GmbHG ausgeschlossen werden. Fällt ein Gesellschafter mit seiner Einlageleistung aus, trifft alle übrigen Gesellschafter die Ausfallhaftung nach § 24 GmbHG und sie müssen dessen Einlage anteilsmäßig einzahlen.

> ### Gründungshaftung
>
> Soweit die Einlage nicht zur endgültigen freien Verfügung der Geschäftsführung gebracht wird oder die (Sach-)Einlage den vereinbarten Wert nicht erreicht, haften die Gründer und ggf. auch die Geschäftsführer

nach §§ 9, 9a, 19 Abs. 5 GmbHG grundsätzlich für den Restbetrag. Der Anspruch der Gesellschaft verjährt zehn Jahre nach Eintragung der Gesellschaft im Handelsregister bzw. Rückgewähr der Einlage.

Bilanzausweis

Nach § 266 Abs. 3 A I. HGB i. V. m. § 42 GmbHG muss das Stammkapital in der Handelsbilanz der Gesellschaft als Passivposten ausgewiesen werden. Verfügt die Gesellschaft nicht über hinreichend Aktiva, um diesen Posten (und ggf. andere Passiva) auszugleichen, liegt ein Verlust vor, der als „nicht durch Eigenkapital gedeckter Fehlbetrag" unter den Aktivposten der Bilanz ausgewiesen werden muss.

Da die Bilanz öffentlich kostenfrei von jedermann eingesehen werden kann, können sich die Gläubiger hierüber informieren. Allerdings ergibt sich aus den Jahresabschlüssen kein aktuelles Bild, weil diese regelmäßig erst rund ein Jahr nach Aufstellung veröffentlicht werden.

Erhaltung

Einer (eingeschränkten) Erhaltung des Stammkapitals dienen die Regeln der §§ 30, 31 GmbHG. Nach dem Auszahlungsverbot des § 30 Abs. 1 GmbHG darf das zur Erhaltung des Stammkapitals erforderliche Vermögen nicht an die Gesellschafter ausgezahlt werden. Ist das Stammkapital der Gesellschaft durch Verluste gemindert, so dürfen später erzielte Gewinne erst ausgeschüttet werden, wenn diese den durch die Verluste eingetretenen Fehlbetrag übersteigen und dieser zuvor ausgeglichen wird. Eine Ausnahme hiervon macht das Gesetz neuerdings in § 30 Abs. 1 Satz 3 GmbHG, wonach das Auszahlungsverbot keine Anwendung auf die Rückzahlung gewährter Gesellschafterdarlehen findet.

> Soweit entgegen diesem Verbot Zahlungen geleistet werden, muss der Empfänger sie nach § 31 Abs. 1 GmbHG erstatten. Dafür trifft die übrigen Gesellschafter die Ausfallhaftung nach § 31 Abs. 3 GmbHG. Die Geschäftsführer, die entgegen § 30 Abs. 1 GmbHG eine Zahlung geleistet haben, haften für die Rückzahlung gegenüber der Gesellschaft nach § 43 Abs. 3 sowie gegenüber den eingetretenen Gesellschaftern nach § 31 Abs. 6 GmbHG.

Auf den Punkt gebracht

- Das Stammkapital der Gesellschaft wird von den Gesellschaftern durch Geld- und oder Sacheinlagen aufgebracht.
- Die Einlagen dürfen nicht an die Gesellschafter zurückgezahlt werden.
- Das Stammkapital kann hingegen uneingeschränkt für den Unternehmensgegenstand der Gesellschaft eingesetzt werden. Wird das Stammkapital im Rahmen der ordnungsgemäßen Geschäftsführung aufgebraucht, so sind die Gesellschafter nicht verpflichtet, es wieder aufzufüllen.

Der Geschäftsführer der GmbH

Der oder die Geschäftsführer sind das Handlungsorgan der GmbH. Ihnen obliegt die Geschäftsführung und Vertretung der GmbH nach §§ 35 ff. GmbHG.

Persönliche Voraussetzungen

Nach § 6 Abs. 2 können Geschäftsführer einer GmbH nur natürliche und unbeschränkt geschäftsfähige Personen werden. Minderjährige scheiden daher aus.

Ebenfalls scheiden als Geschäftsführer aus:

- Betreute mit Einwilligungsvorbehalt
- Personen, denen die Ausübung des Gegenstands der GmbH gerichtlich oder behördlich untersagt ist
- Personen, die innerhalb der letzten fünf Jahre wegen bestimmter Insolvenzstraftaten, falschen Unternehmensdarstellungen oder Betrugsstraftaten verurteilt worden sind

Bestellung und Abberufung

Nach § 6 Abs. 3 werden die Geschäftsführer grundsätzlich durch den Gesellschaftsvertrag oder einen Beschluss der Gesellschafter bestellt. Die Bestellung kann für eine unbestimmte oder bestimmte Dauer erfolgen und muss vom Geschäftsführer angenommen werden.

Nach § 38 GmbHG ist die Bestellung zu jeder Zeit widerruflich, unabhängig davon, ob sie für eine bestimmte oder unbestimmte Zeit erfolgte. Allerdings kann im Gesellschaftsvertrag die Abberufung darauf beschränkt werden, dass wichtige Gründe, beispielsweise grobe Pflichtverletzungen oder Unfähigkeit, dies notwendig machen.

Anstellung der Geschäftsführer

Vom körperschaftlichen Akt der Bestellung zu unterscheiden ist die vertragliche Anstellung des Geschäftsführers. In zivilrechtlicher Hinsicht wird mit dem Geschäftsführer zumeist ein Dienstvertrag vereinbart, der seine Rechte und Pflichten und gegebenenfalls die Vergütung näher regelt. Der Vertrag sollte schriftlich geschlossen und grundsätzlich von sämtlichen Gesellschaftern unterzeichnet werden.

Fehlt ein Anstellungsvertrag, ist der Geschäftsführer gleichwohl zur ordnungsgemäßen Geschäftsführung verpflichtet, hat aber ohne Weiteres keinen Anspruch auf eine Vergütung.

Wird der Geschäftsführer abberufen, hat dies grundsätzlich keinen Einfluss auf das Anstellungsverhältnis. Daher sollte eine entsprechende Kündigungsregelung vereinbart und im Zweifel neben der Abberufung auch die Beendigung des Anstellungsverhältnisses bewirkt werden.

Geschäftsführung und Vertretung

Die Geschäftsführer führen die Geschäfte der Gesellschaft und vertreten sie nach § 35 Abs. 1 GmbHG umfassend.

Sind mehrere Geschäftsführer berufen, sind sie nach § 35 Abs. 2 GmbHG nur gemeinsam handlungsberechtigt (Gesamtvertretung). Allen oder einzelnen Geschäftsführern kann aber auch Einzelvertretungsbefugnis erteilt werden.

Daneben können bei mehreren Geschäftsführern jeweils zwei Geschäftsführer gemeinsam oder ein Geschäftsführer gemeinsam mit einem bestellten Prokuristen (sogenannte gemischte Gesamtvertretung) zu handeln befugt sein.

> Will ein Geschäftsführer ein Geschäft der Gesellschaft mit sich selbst abschließen („Insichgeschäft"), so bedarf er nach § 181 BGB der gesonderten Zustimmung der Gesellschaft. Diese Zustimmung kann durch Befreiung von den Beschränkungen des § 181 BGB bereits bei der Bestellung allgemein erteilt werden.

Die Vertretungsbefugnis der einzelnen Geschäftsführer kann im Innenverhältnis zwischen Gesellschaft und Geschäftsführer beschränkt werden. So kann etwa ein Katalog von Geschäften vereinbart werden, die der Geschäftsführer nur mit Zustimmung der Gesellschafterversammlung vornehmen darf. Dies ist auch ohne eine ausdrückliche Regelung bei besonders bedeutenden außergewöhnlichen Maßnahmen der Fall.

> Eine etwaige Beschränkung hat nach § 37 Abs. 2 GmbHG gegenüber Dritten keine rechtliche Wirkung, soweit sie nicht im Handelsregister eingetragen wird. Die Geschäftspartner der GmbH können und müssen darauf vertrauen, dass die Geschäftsführung höchstens in dem Maß eingeschränkt ist, wie dies im Handelsregister eingetragen ist.

Pflichten der Geschäftsführer

Nach § 43 Abs. 1 GmbHG haben die Geschäftsführer in allen Angelegenheiten der Gesellschaft die Sorgfalt eines ordentlichen Geschäftsmanns anzuwenden.

Mit dieser Sorgfalt korrespondiert die Pflicht, aber auch das Recht zur umfassenden Geschäftsführung. In diesem Zusammenhang müssen sie nach § 41 GmbHG für eine ordnungsgemäße Buchführung sorgen und die Kapitalerhaltung nach § 43 Abs. 3 GmbHG beachten. Als ordentliche Geschäftsleute sind die Geschäftsführer verpflichtet, die Vermögenslage und Zahlungsfähigkeit der Gesellschaft laufend zu überwachen. Ist das Vermögen der Gesellschaft bis zur Hälfte des Stammkapitals aufgebraucht, müssen die Geschäftsführer nach § 49 Abs. 3 GmbHG die Gesellschafter zu einer Versammlung laden bzw. ihnen den Kapitalverlust anzeigen.

> Stellen die Geschäftsführer eine Zahlungsunfähigkeit oder Überschuldung der Gesellschaft fest, so müssen sie nach § 15a InsO unverzüglich, spätestens aber innerhalb von drei Wochen einen Insolvenzantrag stellen.

Daneben können sich weitere Rechte und Pflichten aus dem Gesellschaftsvertrag und Gesellschafterbeschlüssen sowie dem Anstellungsvertrag ergeben. Nach § 37 Abs. 1 GmbHG können die Gesellschafter in allen Fragen den Geschäftsführern durch Beschlüsse Weisungen erteilen, die diese einzuhalten haben. Allerdings werden die Geschäftsführer auch durch Weisungen der Sorgfaltspflicht eines ordentlichen Geschäftsmanns nicht enthoben. So dürfen sie bspw. auch auf Weisung ihre Buchführungspflicht nicht vernachlässigen oder einen gebotenen Insolvenzantrag nicht unterlassen.

Haftung

Verletzt ein Geschäftsführer seine Pflichten, so haftet er nach § 43 Abs. 2 GmbHG gegenüber der Gesellschaft auf Schadensersatz. Nach der auch in § 93 Abs. 1 AktG geregelten Business Judgement Rule liegt eine Pflichtverletzung aber nicht vor, wenn der Geschäftsführer bei einer unternehmerischen Entscheidung vernünftigerweise annehmen durfte, auf der Grundlage angemessener Informationen zum Wohle der Gesellschaft zu handeln.

Gesellschafterwechsel

Nach § 15 Abs. 1 sind die Geschäftsanteile an einer GmbH frei veräußerlich und vererblich. Die Veräußerung des Geschäftsanteils erfolgt durch dessen Abtretung, die notariell beurkundet werden muss. Der Erwerber kann den Geschäftsanteil nur erwerben, wenn der Geschäftsanteil wirklich besteht und dem Veräußerer gehört. Besondere Bedeutung kommt bei der Übertragung der Gesellschafterliste zu. Nach § 16 Abs. 3 GmbHG ist auch ein gutgläubiger Erwerb eines Geschäftsanteils möglich, wenn Letzterer für den Veräußerer drei Jahre lang eingetragen war.

Durch den Gesellschaftsvertrag kann die freie Übertragbarkeit der Geschäftsanteile eingeschränkt werden. Man spricht dann von einer „Vinkulierung". Sehr häufig wird die Veräußerung von der Zustimmung der Gesellschaft abhängig gemacht oder für die übrigen Gesellschafter ein Vorkaufsrecht vereinbart.

Der Ausschluss eines Gesellschafters ist gesetzlich nicht geregelt, kann aber durch den Gesellschaftsvertrag vorgesehen werden. Doch auch ohne Regelung im Gesellschaftsvertrag ist der Ausschluss eines Gesellschafters bei Vorliegen eines wichtigen Grundes möglich. Hierfür ist in Anlehnung an das Recht der OHG ein Gesellschafterbeschluss und sodann eine Klage der Gesellschaft gegen den auszuschließenden Gesellschafter analog § 117 HGB erforderlich.

> Enthält der Gesellschaftsvertrag keine abweichende Regelung, wird der Ausschluss erst dann wirksam, wenn der ausscheidende Gesellschafter eine Abfindung erhält. Die Höhe der Abfindung bemisst sich nach dem Verkehrswert des Gesellschaftsanteils. Die Zahlung darf entsprechend § 30 Abs. 1 GmbHG nicht zur Beeinträchtigung des Stammkapitals führen.

Ein Austrittsrecht ist im Gesetz nicht geregelt. Hierfür kann der Gesellschaftsvertrag entsprechende Regelungen vorsehen. Aber auch wenn keine Regelung im Gesellschaftsvertrag enthalten ist, steht jedem Gesellschafter ein allgemeines Austrittsrecht aus wichtigem Grund zu.

Beendigung der GmbH

In § 60 GmbHG werden als Auflösungsgründe geregelt:

- Zeitablauf
- Gesellschafterbeschluss mit Dreiviertelmehrheit
- gerichtliches Auflösungsurteil oder Verwaltungsakt nach §§ 61, 62 GmbHG
- Eröffnung des Insolvenzverfahrens oder dessen Ablehnung mangels Masse nach §§ 26, 27 InsO
- Verfügung des Registergerichts
- Löschung wegen Vermögenslosigkeit

Daneben können im Gesellschaftsvertrag weitere Auflösungsgründe benannt werden, zum Beispiel ein Kündigungsrecht der Gesellschafter.

Die Auflösung der Gesellschaft führt zur Durchführung des Liquidationsverfahrens. Die GmbH wird fortan von den Liquidatoren nach § 66 Abs. 1 GmbHG vertreten, die auch die Liquidation durchführen. Die Liquidatoren sind grundsätzlich die Geschäftsführer, es sei denn die Gesellschafter bestimmen durch den Gesellschaftsvertrag oder Beschluss jemand anderen. Im Falle einer Insolvenz gelten Sonderregeln, so wird etwa ein Insolvenzverwalter als Verwalter der Insolvenzmasse bestellt.

Die Liquidatoren erstellen nach § 71 GmbHG eine Eröffnungsbilanz, dann, solange die Liquidation dauert, jährlich Jahresabschlüsse und schließlich, wenn die Liquidation abgeschlossen wird, eine Schlussbilanz, aus der sich ergibt, wie der Liquidationserlös an die Gesellschafter zu verteilen ist.

> Vor Abschluss der Liquidation und Verteilung des Liquidationserlöses erfolgt an die Gläubiger ein mit der Bekanntmachung der Auflösung zu veröffentlichender Gläubigeraufruf, sich bei der GmbH zu melden und etwaige Ansprüche geltend zu machen. Die Verteilung des Liquidationserlöses darf erst nach Ablauf einer Sperrfrist von einem Jahr nach der Veröffentlichung des Gläubigeraufrufs erfolgen.

Ist die Liquidation abgeschlossen, wird die GmbH nach § 74 Abs. 1 GmbHG auf Antrag der Liquidatoren schließlich im Handelsregister gelöscht. Damit erlöschen grundsätzlich auch sämtliche Rechte und Pflichten der GmbH.

Insolvenz der GmbH

Die GmbH trifft als juristische Person nach § 15a InsO die Pflicht, die Durchführung eines Insolvenzverfahrens zu beantragen, wenn sie zahlungsunfähig oder überschuldet ist.

Zahlungsunfähigkeit

Zahlungsunfähigkeit liegt nach § 17 Abs. 2 InsO vor, wenn die Gesellschaft nicht mehr in der Lage ist, die fälligen Zahlungsverpflichtungen zu erfüllen. Dies wird vermutet, wenn die GmbH ihre Zahlungen eingestellt hat. Gleichermaßen ist nach § 18 InsO auch drohende Zahlungsunfähigkeit ein Insolvenzgrund.

Überschuldung

Überschuldung ist nach § 19 Abs. 2 InsO gegeben, wenn das Vermögen der GmbH ihre Verbindlichkeiten nicht mehr deckt. Anders als noch vor wenigen Jahren sind Verbindlichkeiten der GmbH aus Gesellschafterdarlehen bei der Gegenüberstellung nicht mehr zu berücksichtigen. Damit sind auch die früher üblichen Rangrücktritte der Gesellschafter nicht mehr erforderlich.

Für die Bewertung des Vermögens ist eine Überschuldungsbilanz aufzustellen, die erheblich von der Handelsbilanz abweicht. Die Überschuldungsbilanz ist eine echte Vermögensbilanz, in der insbesondere die Aktiva nicht mit den steuerlichen Abschreibungsbeträgen, sondern mit ihrem wirklichen Wert anzusetzen sind. Aber auch bei den Passiva ergibt sich eine gewichtige Abweichung, denn anders als in der Handelsbilanz muss die Stammkapitalziffer in die Überschuldungsbilanz nicht eingestellt werden, weil sie keine Verbindlichkeit der Gesellschaft darstellt. Das Stammkapital kann demzufolge vollständig aufgebraucht werden, ohne dass Überschuldung eintritt. Erst wenn die Gesellschaft gleichsam über das Stammkapital hinaus verschuldet ist, tritt die Überschuldung ein.

Die Überschuldung stellt ausnahmsweise keinen Insolvenzgrund dar, wenn die Fortführung des Unternehmens nach den konkreten Umständen überwiegend wahrscheinlich ist. An diese Prüfung sind hohe Anforderungen zu stellen.

> - Wird das Stammkapital teilweise oder vollständig aufgebraucht, spricht man von einer Unterbilanz. Auszahlungen an Gesellschafter sind nicht mehr zulässig. Eine Insolvenz muss noch nicht beantragt werden.
> - Ist die Gesellschaft darüber hinaus verschuldet, tritt Überschuldung ein. Die Geschäftsführer müssen Insolvenz beantragen, wenn nicht ausnahmsweise eine Erholung und Fortführung der Gesellschaft überwiegend wahrscheinlich ist.

Der Insolvenzantrag

Der Insolvenzantrag muss von den Geschäftsführern gestellt werden. Sind mehrere Geschäftsführer im Amt, so trifft jeden einzelnen die Antragspflicht. Ist die Gesellschaft führungslos, etwa weil der Geschäftsführer arbeitsunfähig erkrankt oder sonst nicht erreichbar ist, ist außerdem jeder Gesellschafter, so er von dem Insolvenzgrund und der Führungslosigkeit Kenntnis hat, zur Antragstellung verpflichtet.

Der Antrag muss nach § 15a InsO unverzüglich, spätestens aber innerhalb von drei Wochen nach Eintritt des Insolvenzgrundes gestellt werden.

Ein Antragsrecht steht außerdem nach § 14 InsO den Gläubigern der Gesellschaft zu, wenn diese ein rechtliches Interesse an der Durchführung des Verfahrens haben und den Insolvenzgrund wie auch ihre Forderung hinreichend glaubhaft machen.

Das Insolvenzverfahren

Nach dem Insolvenzantrag bestellt das Insolvenzgericht einen vorläufigen Insolvenzverwalter, der prüft, ob das Vermögen die Verfahrenskosten deckt. Ist dies nicht der Fall, wird das Verfahren mangels Masse eingestellt, andernfalls wird es eröffnet. Mit der Eröffnung des Insolvenzverfahrens übernimmt der Insolvenzverwalter die Geschäftsführung und Vertretung und soll versuchen, das Unternehmen zu sanieren. Daneben ist er gehalten, das Gesellschaftsvermögen als Insolvenzmasse zu erhalten und insbesondere Forderungen einzuziehen. Zu den Forderungen gehören häufig auch Ansprüche der GmbH gegen ihre Geschäftsführer und Gesellschafter

Besonderheiten der Einpersonen-GmbH

Die GmbH kann nach § 1 GmbHG auch von einer einzelnen Person gegründet und betrieben werden.

Gründung

Für die Gründung gibt es keine Besonderheiten. Der Gründer kann ebenso wie bei der Mehrpersonengründung Geld- oder Sacheinlagen übernehmen und muss bei Bargründung ein Viertel, mindestens aber 12.500 Euro, zur endgültigen freien Verfügung des Geschäftsführers einzahlen. Die vor wenigen Jahren noch erforderliche Bestellung einer Sicherheit für die ausstehende Einlageschuld ist nicht mehr notwendig.

Der Gründer kann auch ein amtliches Musterprotokoll verwenden, das als Anlage zum GmbHG gehört. Da bei der Einpersonen-GmbH im Innenverhältnis der Gesellschaft grundsätzlich kein weiterer Regelungsbedarf besteht, stehen dem keine Bedenken entgegen.

Gesellschafterversammlung

Für den alleinigen Gesellschafter ist die Abhaltung förmlicher Gesellschafterversammlungen entbehrlich. Gesellschafterbeschlüsse beruhen vielmehr auf seinen jeweiligen Entschlüssen. Nach § 48 Abs. 3 GmbHG muss der Alleingesellschafter den Beschluss unmittelbar nach seiner Fassung in eine Niederschrift aufnehmen und unterschreiben.

Insichgeschäfte

Ist der Alleingesellschafter zugleich Geschäftsführer, muss er eine weitere, seltsam anmutende Beschränkung beachten. Nach § 35 Abs. 3 GmbHG findet auf Insichgeschäfte des Alleingesellschafter-Geschäftsführers mit der GmbH das Verbot des § 181 BGB Anwendung, sodass die GmbH dem Insichgeschäft zustimmen muss. Diese Zustimmung kann – weil es wiederum ein Insichgeschäft wäre – nicht durch Beschluss, sondern nur im Gesellschaftsvertrag erfolgen. Im amtlichen Musterprotokoll ist die Befreiung bereits vorgesehen.

Rechtsgeschäfte zwischen dem Alleingesellschafter und der Gesellschaft sind sodann unverzüglich nach ihrer Vornahme in eine Niederschrift aufzunehmen.

Auf den Punkt gebracht

- Die GmbH ist eine Kapitalgesellschaft, bei der die Gesellschafter nur mit dem auf ihren Geschäftsanteil entfallenden Kapitalbetrag haften.
- Bei Gründung muss das Stammkapital mindestens 25.000 Euro betragen, mindestens 12.500 Euro müssen eingezahlt oder in Sachwerten eingelegt werden.
- Die GmbH wird im Handelsregister eingetragen.
- Gesetzliche Grundlage ist das GmbHG.

Die UG (haftungsbeschränkt)

Die UG (haftungsbeschränkt) ist keine besondere Gesellschaftsform. Vielmehr handelt es sich um eine GmbH, bei der Mindesthöhe, Aufbringung und Erhaltung des Stammkapitals in § 5a GmbHG besonders geregelt wurden. Die UG (haftungsbeschränkt) ist daher ebenfalls eine Kapitalgesellschaft. Sie ist außerdem Handelsgesellschaft und wird im Handelsregister eingetragen, §§ 13 Abs. 3 GmbHG, 6 HGB. Das bedeutet, dass die Geschäfte der UG (haftungsbeschränkt) dem Handelsrecht unterliegen und sie außerdem zur Buchführung nach den §§ 264 ff. HGB und zur Veröffentlichung ihrer Jahresabschlüsse verpflichtet ist. Das Kapital der UG (haftungsbeschränkt) kann zwar geringer ausfallen als bei der GmbH, aber hinsichtlich der Aufbringung und Erhaltung gelten die GmbH-Regeln uneingeschränkt. Die Gesellschafter und Geschäftsführer treffen vorbehaltlich der Regelungen in § 5a GmbHG grundsätzlich die gleichen Rechte und Pflichten wie bei der GmbH.

Die Gründung

Die Gründung der UG (haftungsbeschränkt) erfolgt nach den Regeln der GmbH in folgenden Schritten:

- notarielle Beurkundung des Gesellschaftsvertrags
- Bestellung der (des) Geschäftsführer(s)
- volle Einzahlung der Stammeinlage(n) in Geld
- Anmeldung zum Handelsregister

Für die Gründung und Anmeldung einer UG (haftungsbeschränkt) mit einem Stammkapital von 1.000 Euro beim Handelsregister fallen schätzungsweise folgende Kosten an:

- Gerichtskosten: 150 Euro
- Notarkosten: ca. 270 Euro

Besonderheiten der UG (haftungsbeschränkt)

Die Besonderheiten der UG (haftungsbeschränkt) werden abschließend in § 5a GmbHG geregelt.

Nach § 5a Abs. 1 GmbHG muss der Name der Gesellschaft den Rechtsformzusatz „Unternehmergesellschaft (haftungsbeschränkt)" oder „UG (haftungsbeschränkt)" enthalten.

Nach § 35a GmbHG müssen auf Geschäftsbriefen jeder Art mindestens folgende Angaben stehen:

- Rechtsform der Gesellschaft
- Sitz der UG (haftungsbeschränkt)
- Registergericht und Registernummer
- alle Geschäftsführer der UG (haftungsbeschränkt)
- falls vorhanden: der Vorsitzende des Aufsichtsrats

Als Geschäftsbriefe gelten alle Formen der schriftlichen Korrespondenz, also auch E-Mails.

Mindeststammkapital

Das Stammkapital der UG (haftungsbeschränkt) kann nach § 5a Abs. 1 GmbHG das für die GmbH erforderliche Mindeststammkapital beliebig unterschreiten. Allerdings muss jeder der übernommenen Geschäftsanteile auf mindestens einen Euro lauten. Das Mindeststammkapital der UG (haftungsbeschränkt) beträgt so viele Euro, wie Gesellschafter an der Gründung beteiligt waren.

> Da die UG (haftungsbeschränkt) für die Gründung und vermutlich auch die ersten Schritte mehr Geld braucht als eine Handvoll Euro, sollten die Gesellschafter – schon damit die Gesellschaft diese steuerlich geltend machen kann – ein so hohes Stammkapital vereinbaren, dass jedenfalls diese Kosten gedeckt sind.

Kapitalaufbringung

Nach § 5a Abs. 2 GmbHG muss das Stammkapital der UG (haftungsbeschränkt) in voller Höhe und ausschließlich in Geld eingezahlt werden. Sacheinlagen können nicht geleistet werden.

Kapitalrücklage

Nach § 5a Abs. 3 GmbHG muss bei der UG (haftungsbeschränkt) eine gesetzliche Kapitalrücklage gebildet werden. Diese erfolgt durch die Bindung eines Gewinnteils im Gesellschaftsvermögen. Der Rücklagebetrag bemisst sich nach dem im Geschäftsjahr erzielten Überschuss abzüglich eines etwaigen Verlustvortrags aus dem Vorjahr. Ein Viertel hiervon muss als Passivposten neben dem Stammkapital in der Bilanz ausgewiesen werden. Die Rücklage darf nur zur Erhöhung des Stammkapitals oder zum Ausgleich von Verlusten verwendet werden.

Im Ergebnis bewirkt die Rücklagenbildung, dass von allen Gewinnen, die die UG (haftungsbeschränkt) macht, ein Viertel dauerhaft im Gesellschaftsvermögen verbleibt und an die Gesellschafter nicht ausgeschüttet werden darf.

Die Pflicht zur Bildung und Beibehaltung der Rücklage besteht, solange die Gesellschaft besteht und endet erst mit deren Auflösung oder Übergang zur GmbH durch Kapitalerhöhung nach § 5a Abs. 5 GmbHG.

> *Gewinnrücklage*
>
> Macht die UG (haftungsbeschränkt) Gewinne, dürfen höchstens drei Viertel hiervon an die Gesellschafter ausgeschüttet werden.

Gesellschafterversammlung in Krisensituationen

Eine erweiterte Pflicht der Geschäftsführung besteht bei der UG (haftungsbeschränkt) in Krisensituationen. Stellt die Geschäftsführung eine drohende Zahlungsunfähigkeit der Gesellschaft fest, so muss der Geschäftsführer nach § 5a Abs. 4 GmbHG unverzüglich eine Gesellschafterversammlung einberufen.

> Entgegen dem missverständlichen Wortlaut sollte der Geschäftsführer auch die allgemeine Einberufungs- bzw. Anzeigepflicht nach § 49 Abs. 3 GmbHG beachten und eine Gesellschafterversammlung einberufen, wenn sich aus der Jahres- oder Zwischenbilanz ergibt, dass das Stammkapital zur Hälfte aufgebraucht ist.

Übergang zur GmbH

Die UG (haftungsbeschränkt) kann durch Erhöhung des Stammkapitals auf mindestens 25.000 Euro in eine reguläre GmbH übergehen.

Die Erhöhung des Stammkapitals setzt nach § 53 GmbHG zunächst einen Beschluss mit Dreiviertelmehrheit voraus. Sodann bedarf es nach § 55 GmbHG der notariellen Übernahmeerklärung und Leistung der Einlage durch die Gründer. Durch Beschluss oder (Nicht-)Übernahme der Einlagen kann sich ergeben, dass sich das vorherige Verhältnis der Beteiligungen verändert.

Wird ein Stammkapital von 25.000 Euro erreicht, muss die Leistung der Einlage auch nicht mehr nach § 5a GmbHG vollständig und in Geld erfolgen, sondern kann entsprechend den Gründungsvorschriften der GmbH erbracht werden. Das heißt, die Kapitalerhöhungsbeträge müssen nur in Höhe eines Viertels, mindestens aber von 12.500 Euro, eingezahlt werden. Außerdem können auch Sacheinlagen geleistet werden.

> Die Kapitalerhöhung kann auch durch Verwendung der nach § 5a Abs. 3 GmbHG gebildeten Rücklage erfolgen. In diesen Fällen wird die Rücklage aufgelöst und die Gesellschafter müssen keine weiteren Einlagen leisten. Die Beteiligungsverhältnisse bleiben unverändert und werden lediglich im Nennbetrag der Geschäftsanteile angepasst.

Ist der Übergang zur regulären GmbH abgeschlossen, gibt es kein Zurück zur UG (haftungsbeschränkt) mehr. Die Sonderreglungen des § 5a GmbHG finden nach Abs. 5 keine Anwendung mehr, mit einer Ausnahme: Die Gesellschaft kann nach § 5a Abs. 5 GmbH noch die bisherige Rechtsformbezeichnung als UG (haftungsbeschränkt) fortführen.

Auf den Punkt gebracht

- Die UG (haftungsbeschränkt) ist eine Kapitalgesellschaft. Sie ist eine Variante der GmbH, bei der die Gesellschafter wie bei dieser nur mit dem auf ihren Geschäftsanteil entfallenden Kapitalbetrag haften.
- Bei Gründung muss das Stammkapital pro Gesellschafter mind. einen Euro betragen und vollständig in bar eingezahlt werden. Sacheinlagen sind nicht zulässig.
- Gewinne können nur begrenzt ausgeschüttet werden.
- Die UG (haftungsbeschränkt) wird im Handelsregister eingetragen.

Besonderheiten der UG (haftungsbeschränkt)

- Gesetzesgrundlage ist das GmbHG. Es gilt allgemeines GmbH-Recht mit den Sonderbestimmungen des § 5a GmbHG.

Die Aktiengesellschaft

Die Aktiengesellschaft (AG) ist die historische Grundform der Kapitalgesellschaften. Die AG war früher hauptsächlich größeren Unternehmen vorbehalten, kann und wird aber inzwischen auch von kleineren und mittleren Unternehmen genutzt. Die AG wird in dem über 400 Paragrafen umfassenden Aktiengesetz (AktG) geregelt.

> Die gesetzlichen Regelungen der AG sind sehr ausführlich, sehr komplex und weitgehend zwingend. Die AG sollte daher nur von Gründern in Erwägung gezogen werden, die über entsprechende Sachkunde verfügen oder sachkundige Berater zu Rate ziehen.

Nachfolgend wird ein kurzer Überblick über die besonderen Merkmale der AG und die Gründungsvoraussetzungen gegeben. Die Rechtsform der AG ist der der GmbH vergleichbar, die ihrerseits nach dem Vorbild der AG als „großer Schwester" entwickelt wurde.

Die wichtigsten Unterschiede zur GmbH

Grundkapital

Das Grundkapital der AG muss mindestens auf 50.000 Euro lauten, also auf das Doppelte der GmbH. Die Mindesteinzahlung bei der Gründung beträgt ein Viertel. Die früher bei der Einmanngründung der AG noch geltende Verpflichtung, eine Sicherheit für die ggf. ausstehende Einlage zu stellen, wurde 2008 aufgehoben.

Man kann also wie bei der GmbH mit einer Bareinzahlung von 12.500 Euro die Gründung vollziehen. Der Restbetrag kann jederzeit durch den Vorstand verlangt werden.

Börsenhandel

Die Aktien sind wie die Geschäftsanteile der GmbH nach dem Gesetz frei veräußerbar. Darüber hinaus können die Aktien für den Handel an einer Wertpapierbörse zugelassen werden.

Organe

Die AG hat drei Organe, den Vorstand, den mindestens dreiköpfigen Aufsichtsrat und die Hauptversammlung der Aktionäre. Zwischen den Organen besteht keine Hierarchie.

Vorstand

Der Vorstand führt die Geschäfte der AG und vertritt sie im Außenverhältnis. Anders als der Geschäftsführer der GmbH ist der Vorstand unabhängig und leitet die AG in eigener Verantwortung. Ein Mitglied des Vorstands ist nicht an Weisungen gebunden. Bestimmte Geschäfte können jedoch von einer Zustimmung des Aufsichtsrats abhängig gemacht werden. Die Vorstandsmitglieder werden auf bis zu fünf Jahre fest bestellt und können während ihrer Amtsdauer nicht frei abberufen werden.

> Die Vorstandsmitglieder haben nach § 93 AktG bei ihrer Geschäftsführung die Sorgfalt eines ordentlichen und gewissenhaften Geschäftsleiters anzuwenden. Der Sorgfaltsmaßstab wird regelmäßig eingehalten, wenn das Vorstandsmitglied bei einer unternehmerischen Entscheidung vernünftigerweise annehmen durfte, auf der Grundlage angemessener Informationen zum Wohle der Gesellschaft zu handeln.

Aufsichtsrat

Der Aufsichtsrat überwacht den Vorstand, vertritt die Gesellschaft gegenüber dem Vorstand und setzt auch die Vorstandsbezüge fest. Zur Weisung an den Vorstand ist der Aufsichtsrat nicht befugt, er kann aber Zustimmungsvorbehalte für bestimmte Geschäfte festsetzen. Die Mitglieder des Aufsichtsrats werden von der Hauptversammlung gewählt.

Hauptversammlung

Die Hauptversammlung setzt sich aus den Aktionären zusammen. Der Vorstand beruft die Hauptversammlung ein und ist in der Hauptversammlung zur Berichterstattung sowie zur Beantwortung von Fragen verpflichtet. Die Versammlungsleitung obliegt üblicherweise dem Vorsitzenden des Aufsichtrats, der auch ein Protokoll mit den gefassten Beschlüssen ausfertigen muss. Zu den Kompetenzen der Hauptversammlung gehören die Wahl der Aufsichtsratsmitglieder, die Verwendung des Bilanzgewinns, Änderungen der Satzung und der Struktur sowie die Auflösung der Gesellschaft. Auf die Besetzung des Vorstands kann die Hauptversammlung nur mittelbar Einfluss nehmen. Die Mitglieder des Vorstands werden vom Aufsichtsrat bestellt, den die Hauptversammlung wählt.

> Die Hauptversammlung hat nur eingeschränkte Zuständigkeiten, hat keinen direkten Einfluss auf den Vorstand und ist daher auch nicht so machtvoll wie die Gesellschafterversammlung der GmbH.

Anonymität der Aktionäre

Die Aktionäre sind anonym. Während die Gründer noch dem im elektronischen Handelsregister abrufbaren Gründungsprotokoll entnommen werden können, sind die späteren Aktionäre nicht publik. Anders als bei der GmbH wird im Handelsregister keine Gesellschafterliste publiziert. Etwa bei Erwerb einer Vorratsgesellschaft treten die Gesellschafter daher nicht öffentlich in Erscheinung.

Benötigte Personen

Zur Errichtung und Betrieb der AG müssen fünf Positionen besetzt werden. Hierfür bedarf es:

- eines Vorstands und
- dreier Aufsichtsratsmitglieder und
- eines Aktionärs.

> Der Aktionär kann zugleich Vorstand oder Mitglied des Aufsichtsrats sein, so dass für die Gründung und den Betrieb der AG vier Personen ausreichend sind.

Satzungsstrenge statt –autonomie

Die innere Ordnung der AG ist gesetzlich streng vorgegeben (Satzungsstrenge), während bei der GmbH der Gesellschaftsvertrag weitgehend frei ausgestaltet werden kann (Satzungsautonomie).

Ausschüttungsverbot

Ausschüttungen aus dem Gesellschaftsvermögen der AG an die Aktionäre sind nicht frei möglich, sondern können nur im Rahmen der jährlichen Gewinnausschüttung erfolgen.

Gründung

Die Gründung der AG wird durch Eintragung im Handelsregister vollzogen, die von allen Gründern, Vorstands- und Aufsichtsratsmitgliedern angemeldet werden muss. Dabei sind einzureichen:

- Notarielles Gründungsprotokoll
- Satzung
- Übernahme der Aktien
- Bestellung der Organe

- Nachweis der Einlageleistung
- schriftlicher Gründungsbericht
- ggf. Gründungsprüfung
- Versicherungen des Vorstands zu seiner Person und zur Einlageleistung durch die Aktionäre
- Nachweis der erbrachten Einlage
- Aufstellung der gezahlten Steuern und Gebühren

Für die Gründung und Anmeldung der AG mit einem Grundkapital von 50.000 Euro beim Handelsregister sowie die Entgegennahme der Liste der Aufsichtsratsmitglieder fallen schätzungsweise folgende Kosten an:

- Gerichtskosten: bei Bargründung 340 Euro, bei Sachgründung 400 Euro
- Notarkosten: bei Bargründung ca. 1.050 Euro, bei Sachgründung 1.130 Euro

Auf den Punkt gebracht

- Die AG ist eine Kapitalgesellschaft mit einem Grundkapital von mindestens 50.000 Euro. Sie ist die „große Schwester" der GmbH, bei der die Aktionäre wie die Gesellschafter der GmbH grundsätzlich nur mit dem auf ihre Aktien entfallenden Kapitalbetrag haften.
- Der Vorstand ist weitgehend unabhängig und hat einen sehr umfassenden Handlungsspielraum.

- Der Aufsichtsrat wählt und überwacht den Vorstand und setzt seine Vergütung fest.
- Die Aktionäre wählen den Aufsichtrat und haben darüber hinaus keinen unmittelbaren Einfluss auf die Geschäftsführung des Vorstands.
- Die Aktionäre können anonym bleiben.
- Zur Gründung und zum Betrieb der AG benötigt man mindestens einen Vorstand, drei Aufsichtsräte und einen Aktionär, der in Person zugleich auch Vorstand oder aber Aufsichtsrat sein kann.

Die GmbH & Co. KG

Die GmbH & Co. KG ist eine Sonderform der KG. Gleichwohl stellt sie eine echte KG dar, auf die nur in Teilen besondere Regeln zur Anwendung kommen.

Die GmbH & Co. KG ist regelmäßig eine KG, deren einzige persönlich haftende Gesellschafterin eine GmbH ist. In vielen Fällen sind die Kommanditisten zugleich auch die Gesellschafter der GmbH, sodass im Ergebnis aus Sicht der Gesellschafter eine einheitliche Beteiligung am gesamten Unternehmen gewünscht ist. Die Umsetzung dieses Wunsches bedarf einer präzisen Vertragsgestaltung.

> Überdies kann die GmbH & Co. KG in vielerlei Spielarten gestaltet werden. Des Weiteren ist die KG auch nicht auf eine GmbH als Komplementärin beschränkt, sondern kann die Gesellschaft mit jeder Kapitalgesellschaft eingehen. Gleichermaßen fallen auch die UG & Co. KG, die AG & Co. KG oder die Limited & Co. KG hierunter.

Allen Gestaltungen gemeinsam ist der Wunsch, die – vor allem steuerlichen – Vorteile der KG als Personengesellschaft mit denen der Kapitalgesellschaft zu kombinieren. Dies betrifft vor allem die beschränkte Haftung der Gesellschafter der Komplementärin. Geht man vom Normalfall einer gleichmäßigen Beteiligung aus, ist die Haftung der Kommanditisten in der KG auf die Hafteinlage und in der GmbH auf die übernommene Stammeinlage begrenzt und so, vergleichbar der GmbH oder der bloßen Beteiligung als Kommanditist, das unternehmerische Risiko kalkulierbar.

Gründung

Die Gründung der GmbH & Co. KG erfolgt regelmäßig in zwei Schritten:

1. Gründung einer GmbH
2. Gründung der KG mit der GmbH als Komplementärin

Die Gründung beider Gesellschaften und deren jeweilige Kosten richten sich nach den bereits dargestellten Gründungsregeln der GmbH und der KG.

Der Gründungsvorgang kann in einem Akt erfolgen.

Geschäftsführung und Vertretung

Die Geschäftsführung und Vertretung der GmbH & Co. KG liegt in den Händen der Komplementär-GmbH, die durch ihr Handlungsorgan, den Geschäftsführer, tätig wird. Der Geschäftsführer der GmbH ist zugleich Geschäftsführer und Vertreter der KG.

Hinsichtlich der Vertretung ist diese Regelung im Außenverhältnis zwingend. Im Innenverhältnis können die Gesellschafter Abweichendes vereinbaren und den Geschäftsführer – wie bei GmbH oder auch KG sonst auch – an ihre Zustimmung oder Weisungen der Gesellschafterversammlung binden.

Angaben auf Geschäftsbriefen

Nach §§ 177a, 125a HGB müssen in Geschäftsbriefen jeder Art folgende Angaben gemacht werden:

- Rechtsform der Gesellschaft = GmbH & Co. KG
- Sitz der KG
- Registergericht und Registernummer der KG
- Rechtsform der Komplementärin = GmbH
- Firma der GmbH
- Sitz der GmbH
- Registergericht und Registernummer der GmbH
- alle Geschäftsführer der GmbH
- falls vorhanden, der Vorsitzende des Aufsichtsrats der GmbH

Als Geschäftsbriefe gelten alle Formen der schriftlichen Korrespondenz, also auch E-Mails.

Gesellschafterversammlung

Hinsichtlich der Gesellschafterversammlungen ist zu beachten, dass bei der GmbH & Co. KG zwei getrennte Gesellschaften zusammenspielen. Daher erfolgt die Willensbildung auch in zwei gesonderten Gesellschafterversammlungen, die grundsätzlich ganz unterschiedlichen Regeln folgen.

> Auch hier empfiehlt sich eine genaue und ggf. einheitliche Gestaltung der Gesellschafterversammlungen durch die Gesellschaftsverträge von GmbH und KG.

Kapitalaufbringung

Die Kapitalaufbringung bei der GmbH & Co. KG regelt sich nach den jeweiligen Bestimmungen der KG und GmbH. Das heißt, das Stammkapital der GmbH und die Pflichteinlagen der Kommanditisten sind getrennt jeweils gegenüber GmbH und KG aufzubringen. Praktisch sehr wichtig ist daher die präzise Definition der Konten und Zahlungsströme.

Eine Grenze setzt § 172 Abs. 6 HGB. Da die GmbH-Beteiligung einen Vermögenswert darstellt, könnte man auf die Idee kommen, diesen als Kommanditeinlage in die KG einzubringen. Das ist rechtlich auch möglich. In diesen Fällen bestimmt aber § 172 Abs. 6 HGB, dass dann gegenüber Gläubigern der KG die Einlage nicht als geleistet gilt, sodass der Kommanditist trotzdem in Höhe der Einlage haftet.

> *Kapitalaufbringung der GmbH & Co. KG*
> Die Beiträge der Gesellschafter in GmbH und KG müssen getrennt voneinander und zusätzlich zueinander aufgebracht werden.

Kapitalerhaltung

Bei der Kapitalerhaltung sind ebenfalls die Regelungen der GmbH und der KG getrennt zu beachten.

Ergänzend kommt hinzu, dass bei Zahlungen der KG an ihre Kommanditisten, die zugleich das Stammkapital der GmbH beeinträchtigen, die Kommanditisten analog § 30 GmbHG gegenüber der KG zur Rückzahlung verpflichtet sind.

Auf den Punkt gebracht

- Die GmbH & Co. KG ist eine KG, deren einzige persönlich haftende Gesellschafterin eine GmbH ist.
- Im Außenverhältnis ist die GmbH & Co. KG eine einheitliche KG. Der Geschäftsführer der GmbH vertritt auch die KG.
- Die GmbH & Co. KG kombiniert Vorteile der Kapitalgesellschaft, insbesondere Haftungsbeschränkung der Gesellschafter, mit denen der Personengesellschaft, insbesondere deren steuerliche Behandlung.
- GmbH und KG sind strikt zu trennen. Auf die GmbH sind alle Regeln der GmbH und auf die KG alle Regeln der KG anzuwenden. Deren Gesellschaftsverträge sollten sehr sorgfältig gestaltet und aufeinander abgestimmt werden.
- Auch eine Kombination als UG & Co. KG, AG & Co. KG oder Limited & Co. KG ist möglich.

Der Autor

Dr. Nicco Hahn ist Rechtsanwalt und Fachanwalt für Handels- und Gesellschaftsrecht in Berlin. Er ist Partner einer auf Gesellschaftsrecht spezialisierten Anwaltskanzlei und in der Beratung, Prozessvertretung und Vertragsgestaltung tätig. Herr Dr. Hahn steht Gesellschaften und Gesellschaftern von den ersten Gründungsüberlegungen an beim Auf- und Ausbau ihres Unternehmens sowie im Streitfall mit Rat und Tat zur Seite.

Neben seiner anwaltlichen Tätigkeit unterrichtet Herr Dr. Hahn als Dozent in juristischen Seminaren und schreibt regelmäßig Buchbeiträge und Aufsätze.

Der Autor im Internet: www.hahnundpartner.de

Außerdem im Verlag C. H. Beck lieferbar:

- Hahn/Gansel, Der Gesellschaftsvertrag der Kommanditgesellschaft, 3. Aufl. 2015
- Hahn/u.a., Münchener Handbuch des Gesellschaftsrechts, Band 7: Gesellschaftsrechtliche Streitigkeiten, 5. Aufl. 2016

Impressum:
Verlag C. H. Beck im Internet: www.beck.de
ISBN: 978-3-406-68481-4
© 2017 Verlag C. H. Beck oHG
Wilhelmstraße 9, 80801 München
Satz: Fotosatz Buck, 84036 Kumhausen
Druck und Bindung: Beltz Bad Langensalza GmbH
Neustädter Str. 1–4, 99947 Bad Langensalza
Umschlaggestaltung: Ralph Zimmermann – Bureau Parapluie
Umschlagbild: © maleraspaso – istockphoto.com
Gedruckt auf säurefreiem, alterungsbeständigem Papier
(hergestellt aus chlorfrei gebleichtem Zellstoff)